리틀 부자가 꼭 알아야 할 경제 이야기

내일을 여는 리틀 전문가 1
리틀 부자가 꼭 알아야 할 경제 이야기

초판 1쇄 발행 | 2004년 9월 25일
초판 28쇄 발행 | 2025년 8월 30일

지은이 | 김수경
그린이 | 김민정
펴낸이 | 양진오
펴낸곳 | (주)교학사
등록 | 1962년 6월 26일 제18-7호
주소 | 서울특별시 마포구 마포대로14길 4
전화 | 편집부 (02)707-5350 영업부 (02)707-5147
홈페이지 | www.kyohak.co.kr
편집 | 김인애, 이은경, 김내리

ⓒ 김수경, 2004

ISBN 978-89-09-20227-5 74320
ISBN 978-89-09-09846-5(세트)

함께자람은 (주)교학사의 유아·어린이 책 브랜드입니다.

• 잘못 만들어진 책은 구입하신 서점에서 바꾸어 드립니다.
• 이 책 내용의 전부 또는 일부를 재사용하려면 반드시 지은이와 (주)교학사 양측의 동의를 받아야 합니다.

▲주의 : 책 모서리가 날카로우니 떨어뜨리지 않도록 주의하시고,
         책장을 넘길 때 종이에 베이지 않도록 주의하시기 바랍니다. (사용 연령 : 만 8세 이상)

리틀 부자가 꼭 알아야 할
경제 이야기

김수경 글 | 김민정 그림

함께자람

머리말

경제를 알아야 부자!

꼭 갖고 싶은 게임기를 갖지 못할 때, 가고 싶은 놀이 공원에 마음대로 갈 수 없을 때면 한숨이 절로 나오고 화가 막 나려고 해요.
"왜? 왜 안 되는 거예요?"
물론 공부를 해야 하기 때문이라는 까닭도 있어요.
그런데 그보다 더 깊은 까닭도 있어요.
"사람은 뭐든지 갖고 싶은 걸 다 가질 수는 없어!"
"그걸 다 살 수 있는 돈이 없단다."
문제는 돈 때문이지요. 돈 때문이라는 까닭 앞에서는 부모님께 화도 낼 수 없어요. 부모님도 어찌지 못하는 일이니까요.
"내가 크면 꼭 부자가 되어서 갖고 싶은 걸 다 갖고 말 테야……."
속으로 이렇게 생각할 뿐이지요.
이상하지요? 누구나 부자가 되고 싶어하는데 왜 모두 부자가 될 수는 없는 걸까요? 부자가 되려면 도대체 어떤 길을 가야 하는 걸까요?
어른들은 자꾸만 '경제가 어려워서'라고 해요. 경제는 왜 그렇게 어려운 걸까요?
모든 걸 속속들이 알고 싶어져요. 경제가 뭔지, 돈은 왜 있어야 하는지, 부자가 되려면 어떻게 해야 하는지.

그런데 어른들도 경제 문제라면 머리를 절레절레 흔들어요. 뭔가 복잡한 게 틀림없나 봐요. 경제는 우리 어린이들이 알기엔 너무 어려운 것이 아닐까요?

그렇지 않아요. 이야기 속으로 들어와 이리저리 함께 돌아다니다 보면, 어렵지 않게 경제에 대해 배울 수 있을 거예요.

'바나나 나라는 왜 망했을까?'

'고무신 가져다가 엿 바꿔 먹고도 후회하지 않는 까닭은?'

'바닷가 식당이 성공한 비결은 뭘까?'

'당나귀가 맛있는 짚단을 두 개나 놓고도 굶어죽은 까닭은 뭐야?'

책 속으로 성큼 한 걸음 내디뎌 봐요. 경제가 뭔지, 부자가 될 수 있는 비결은 어디에 있는지 보물찾기하듯 찾아 낼 수 있답니다.

자, 어서 들어와요. 이야기가 벌써 시작되었어요.

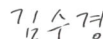

차례

모든 것을 사고 파는 시장 _ 8
다이아몬드가 물보다 비싼 까닭은? _ 16
고무신 주고 엿 바꿔 먹기 _ 22
무지막지한 먹기 내기 _ 28
굶주린 당나귀의 고민 _ 34
좋은 부자, 나쁜 부자? _ 42

이상하게도 비싼 게 더 잘 팔려 _ 44
빵이 없으면 고기를 먹으라고? _ 50
싱싱한 사과와 굴비는 서울로 먼저 가네 _ 56
세상을 돌고 도는 돈은 왜? _ 62
휴지 조각이 되어 버린 돈 _ 68
리틀 부자라면 이런 습관을 가져라! _ 74

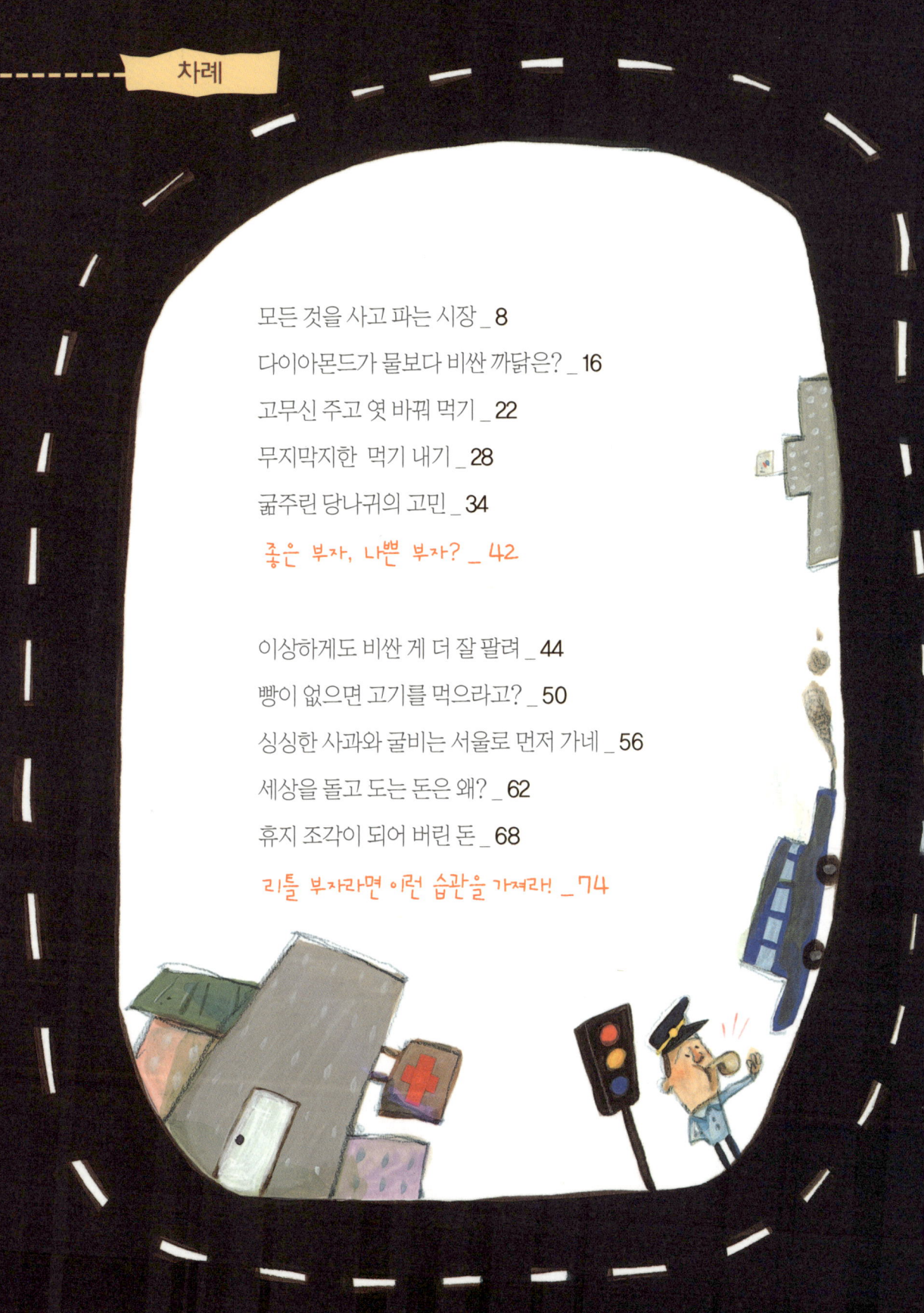

바나나만 키우는 나라의 고민 _ 76
부자가 보는 세상의 비밀 _ 82
돈이 벌어들이는 돈은 공짜? _ 88
남는 거 하나도 없다는 장사꾼의 거짓말 _ 94
이유도 없이 던지는 돌 _ 100

돈만 많다고 부자가 될 수 있을까? _ 108

얌체족을 잡아 내는 보이는 손 _ 110
엉터리 세금은 곤란해 _ 118
부자가 가난뱅이를 도와 줘야 하는 까닭은? _ 124
일꾼이 왜 일을 하지 않을까? _ 130
로빈슨도 이득 보는 무인도 무역 _ 136

위대한 부자들이 들려주는 이야기 _ 142

갑자기 닥친 깜깜한 목요일 _ 144
혼자만 잘살려고 했다간 다 망해 _ 150
다 때려부순 다음에 경제를 살리자고? _ 156
돈도 땅도 금덩이도 아닌 재산 _ 162
복잡한 세상, 복잡한 경제학 _ 168

리틀 부자를 기다리는 미래의 경제 _ 174

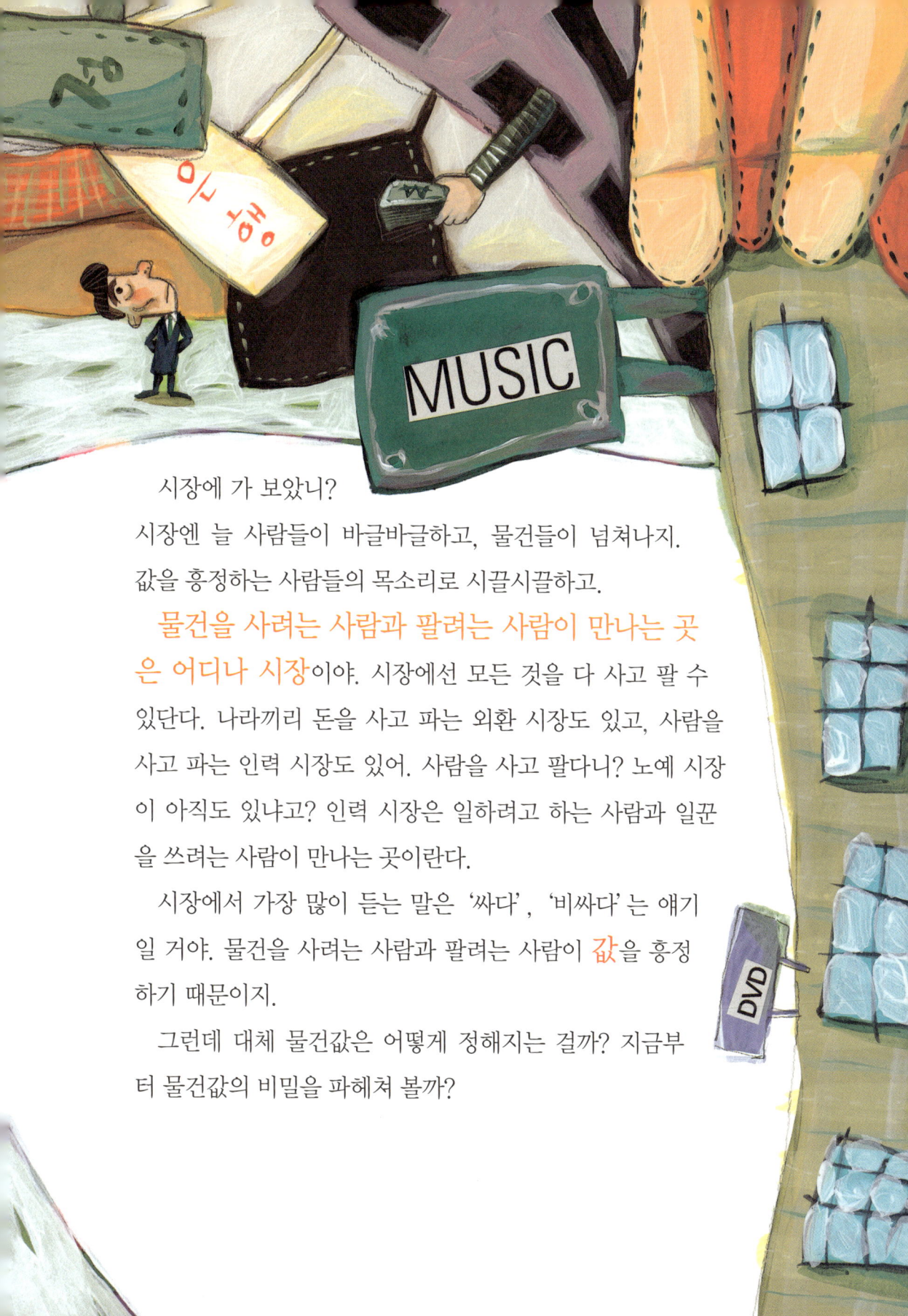

시장에 가 보았니?
시장엔 늘 사람들이 바글바글하고, 물건들이 넘쳐나지. 값을 흥정하는 사람들의 목소리로 시끌시끌하고.
물건을 사려는 사람과 팔려는 사람이 만나는 곳은 어디나 시장이야. 시장에선 모든 것을 다 사고 팔 수 있단다. 나라끼리 돈을 사고 파는 외환 시장도 있고, 사람을 사고 파는 인력 시장도 있어. 사람을 사고 팔다니? 노예 시장이 아직도 있냐고? 인력 시장은 일하려고 하는 사람과 일꾼을 쓰려는 사람이 만나는 곳이란다.

시장에서 가장 많이 듣는 말은 '싸다', '비싸다'는 얘기일 거야. 물건을 사려는 사람과 팔려는 사람이 값을 흥정하기 때문이지.

그런데 대체 물건값은 어떻게 정해지는 걸까? 지금부터 물건값의 비밀을 파헤쳐 볼까?

어째서 양파 장수는 콧대를 높이 세우고 큰소리를 땅땅 칠 수 있었을까? 냄비 장수는 왜 냄비값을 깎아 줄 수밖에 없었을까?

물건값은 팔려는 사람과 사려는 사람의 수에 따라 정해지기 때문이야.

먼저 양파 장수의 말을 들어 볼까? "양파 사려는 사람은 얼마든지 있다고." 이렇게 물건을 사려는 사람이 많을 때는 값이 올라가지. 게다가 팔려는 물건이 아주 적을 때는 정말 '부르는 게 값'이야. 팔려는 물건은 적은데 너도나도 사려고 덤벼드니 말이야.

냄비를 사려던 사람은 "이 골목에만 냄비 가게가 다섯 군데."라고 했어. 이렇게 팔려는 사람은 많고 물건을 사려고 하는 사람은 적을 때는 물건값이 떨어진단다. 비싸면 더 싸게 파는 곳에 가서 사면 그만이니까.

"가위는 두 개의 날로 종이를 자른다.
물건값은 **수요**와 **공급**이라는
두 개의 날이 움직여 정한다."

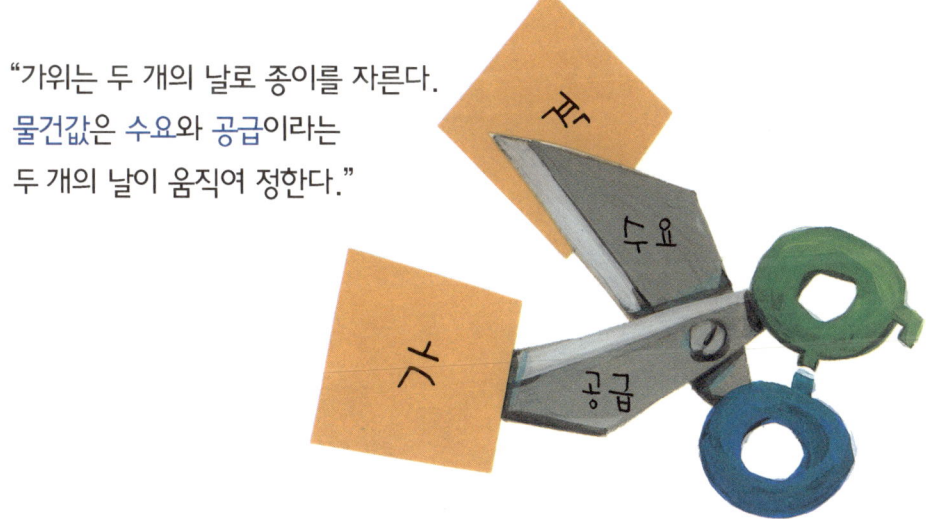

모든 것을 사고 파는 시장

'물건을 사고 싶어하는 것을 '수요'라고 해. 그리고 물건을 팔고자 하는 것을 '공급'이라고 한단다. 물건값은 이 수요와 공급에 의해 저절로 정해지는 거야.

세상에는 엄청나게 많은 물건들이 만들어지고, 또 팔리고 있어. 그렇게 많은 물건들의 값이 저절로 정해진다는 게 정말 신기하지?

"수요와 공급이 대체 무슨 권리로 그 수많은 것들의 값을 결정한다는 거야?"

"양파 장수가 더 큰소리칠 수 있다면, 왜 다들 양파를 팔려고 하지 않을까?"

이런 궁금증도 생길 거야.

이런 질문들에 처음으로 대답했던 사람은 '애덤 스미스'라는 영국의 경제학자야. 스미스는 이렇게 얘기했어.

물건값을 정하는 건 '보이지 않는 손'이 하는 일이지.

"사람들은 저마다 돈을 벌려고 물건을 만들어 판다. 양파를 파는 일도 냄비를 파는 일도 다 돈을 벌려고 하는 일일 뿐이다. 그런데 돈을 벌려고 하는 사람들의 이기심이 사회 전체를 이롭게 한다.
보이지 않는 손이 사람들을 이끈다. '너는 양파를 팔아라.', '너는 냄비를 팔아라.' 하고 일러 준다. '양파값은 2,000원이다.', '냄비값은 4,000원이다.' 하고 정해 주는 것도 보이지 않는 손이 하는 일이다."

'보이지 않는 손'이란 투명 인간의 손을 말하는 게 아니란다. 자유롭게 경쟁하며 돈을 벌 수 있는 터전, 즉 시장을 말하는 거야. 물건을 팔고 사는 시장에서는 '보이지 않는 손'이 돌아다니며 물건값을 올리고 내린단다. 또 무엇을 팔 것인지도 정해 주지. 누가 시켜서, 누구는 양파를 팔고 누구는 냄비를 파는 게 아냐. 그저 돈을 벌 수 있겠다 싶은 장사를 시작하는 것뿐이지. 하지만 제 맘대로 값을 정할 수는 없어. 보이지는 않지만 자꾸 참견하는 손이 있거든.
누가 억지로 시키는 것도 아닌데 자유롭게 경쟁하면서 저절로 값이 조정되는 시장, 시장은 정말 마술사 같단다. 그래서 애덤 스미스는 시장을 '보이지 않는 손'이라고 말한 거야.

보이지 않는 손의 활약!

어떤 사람이 절대로 터지지 않는 풍선을 만들었다.
"흐흐, 터지지 않는 풍선을 만든 사람은 나뿐이니까 풍선값을 100만 원으로 해야지."

사람들은 아무도 풍선을 사지 않았다. 터지지 않는 풍선이 신기해서 갖고 싶긴 했지만, 값이 터무니없이 비쌌기 때문. 풍선을 만든 사람은 '보이지 않는 주먹'에 한 대 얻어맞은 것이다. 어쩔 수 없이 값을 내려야만 했다.

풍선을 1,000원에 팔았더니 사람들이 구름처럼 몰려들어 풍선을 사 갔고, 풍선 장수는 떼돈을 벌기 시작했다. 풍선 만드는 데는 돈이 500원밖에 안 들었기 때문이다.

"하하하! 나도 드디어 부자가 될 수 있다! 세상에 터지지 않는 풍선을 파는 사람은 나밖에 없으니까."

그런데 어느 날부터 터지지 않는 풍선을 파는 사람이 하나 둘씩 나타나기 시작했다.

풍선 장수가 돈을 많이 번다는 소문을 듣고, 풍선을 사 간 사람 몇몇이 연구를 해서 터지지 않는 풍선 만드는 비법을 알아낸 것이다.

그 사람들은 터지지 않는 풍선을 800원에 팔았다. 사람들은 모두 그리로 몰려갔다.

풍선 장수는 더 이상 풍선을 1,000원에 팔 수가 없었다. 똑같은 풍선을 누가 더 비싸게 주고 사려고 하겠니? '보이지 않는 손'이 또다시 풍선 장수를 훼방놓은 것이다.

 드물다는 것

다이아몬드가 물보다 비싼 까닭은?

옛날 옛적 인도에서는 어쩌면 다이아몬드가 아이들의 공깃돌이었을지도 몰라. 그 때만 해도 다이아몬드를 그저 단단하고 반짝거리는 예쁜 돌이라고만 생각했을 테니까. 돌멩이에 지나지 않는 다이아몬드를 가지고 별달리 할 것이 있겠어? 먹을 수도 없으니 아이들이나 가지고 놀 수밖에.

다이아몬드가 처음 발견된 곳은 인도였어. 인도 다음으로 브라질, 보르네오, 아프리카 등 여러 곳에서 차츰 다이아몬드가 발견되기 시작했는데, 그 때마다 이렇게 우스운 일들이 벌어졌지.

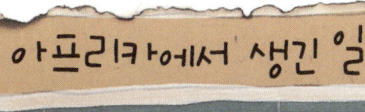

아프리카에서 생긴 일

지중해

4

그리 오래 된 옛날도 아니다. 장소는 아프리카. 한 어린이가 들판에서 반짝거리는 돌을 발견해 가지고 놀았다. 실은 그것은 다이아몬드!

그 아이는 다이아몬드를 가지고 놀다 어머니에게 가지고 갔다.

어머니는 그 예쁜 돌을 누군가에게 선물로 주었다.

다이아몬드를 선물받은 사람은 그래도 보는 눈이 있었던지, 그 돌이 아주 특별하다는 걸 알아챘다. 그 사람은 다이아몬드를 상인에게 가져갔다.

"혹시 이게 뭔지 아시오?"

"흠……, 아주 멋진 돌이군요. 나에게 맡겨 보시오. 내가 알아보지요."

인도양

상인은 다시 다이아몬드를 광물학자에게 가지고 갔다.

"아니? 이건 다, 다이아몬드!"

"뭐라고요? 이게 그 비싼 다이아몬드라고요?"

대서양

다이아몬드가 물보다 비싼 까닭은? 17

다이아몬드가 처음 발견되던 무렵에는 이처럼 사람들이 다이아몬드를 공짜로 주고받기도 했단다. 돌멩이에 값이 있다고는 생각하지 못했으니까.

그러고 보면 지금 우리가 다이아몬드를 아주 비싼 값에 산다는 게 우습지 않니? '먹지도 못하고, 별 쓸모도 없는 다이아몬드가 왜 그리 비싸야만 하는 걸까?' 하는 의문이 들지.

만약 다이아몬드가 바닷가 조약돌만큼 흔했다면 다이아몬드는 공짜였을 거야. 그런데 문제는 다이아몬드가 아주 드물다는 거야. 드물고 귀해서 값이 붙은 거란다. 그것도 아주 비싼 값이!

귀하냐, 흔하냐 하는 것은 값을 결정하는 데 있어 아주 중요한 점이란다.

사람이 살아가는 데 꼭 필요한 것이 공기잖아. 숨을 쉬지 않고는 살 수 없으니까. 하지만 아무도 돈을 내고 숨을 쉬지는 않아. 그건 공기가 충분히 많이 있기 때문이야. 아주 흔하다는 얘기지.

오랫동안 물도 마찬가지였어. 비만 내리면 어디에서나 물이 흔했기 때문에 물에도 값이 없었단다. 그런데 요즘은 달라. 먹을 수

다이아몬드
예쁘다. 아주 귀하다.
(보석 맞음.)

진주
예쁘다. 귀하다.
(보석 맞음.)

보석은 흔하게 널려 있어서는 안 됩니다. 아주 귀해야만 보석이 될 수 있습니다. 물론 귀한 거라도, 예쁘지 않은 건 보석이 될 수 없습니다.

- 값어치를 결정하는 기준은? – 귀하냐, 흔하냐
- 흔하지 않고 아주 드물고 귀한 것을 '희소성'이라고 한다. 희소성이 가치를 만든다.

있는 물이 부족하다고 하지? 그래서 우리는 돈을 내고 물을 사 먹는 시대에 살게 된 거야. 공기도 부족해지면 돈을 내고 숨을 쉬어야 하는 시대가 올지도 몰라.

물론 무엇이든 드물기만 하다고 모두 값어치가 생기는 건 아냐. **그걸 갖고 싶어하거나 필요로 하는 사람들이 있어야만 하지.** 만약 세상 사람 아무도 다이아몬드를 갖고 싶어하지 않는다면 다이아몬드는 당연히 공짜겠지. 다이아몬드를 갖고 싶어하는 사람은 많은데, 흔치 않기 때문에 다이아몬드가 비싼 거란다.

'바다는 메워도 사람 욕심은 못 메운다.' 는 속담이 있어. 사람의 욕심은 끝이 없다는 얘기지. 욕심은 그렇게 끝이 없는데, 가질 수 있는 것들은 세상에 아주 조금뿐이야. 그 어떤 부자라 해도 갖고 싶은 만큼 다 가질 수는 없단다. 지구상에 있는 것들은 무엇이든 한계가 있으니까. **경제 문제는 바로 이 한계, '희소성' 에서 생기는 거란다.**

"아무리 희소성이 중요하다지만, 별 쓸모도 없는 다이아몬드가 진짜 중요한 공기나 물보다 값이 비싸다니……. 어쩐지 억울한 생각이 드는데요?"

너무 억울하게 생각할 거 없어. 몇십 년쯤 후에는 물과 공기는 비싼 값에 사 먹고, 다이아몬드는 어항에 깔아 놓을 정도로 흔해질지도 모른단다. 값은 한번 정해지면 영원히 변하지 않는 게 아니라 언제든 바뀔 수 있거든. 대통령이 정하는 것도 아니고, 하느님이 정해 주는 것도 아니지. 사람들이 어떤 것에 욕심을 내느냐, 그 물건이 귀하냐, 흔하냐에 따라서 값은 저절로 정해진단다.

2050년, 다이아몬드 공장

과학이 발달해 이제는 다이아몬드를 공장에서 만들어 낼 수 있게 되었다.

제 1 공장 – 연필심으로 다이아몬드 만들기
다이아몬드를 이루고 있는 물질은 연필심을 이루고 있는 물질과 같다. 문제 없음.

제 2 공장 – 숯으로 다이아몬드 만들기
숯을 이루고 있는 물질 역시 다이아몬드와 같다. 문제 없음.

다이아몬드 목걸이, 반지 세트가 단돈 500원!

선택의 대가

고무신 주고
엿 바꿔 먹기

'세상에 공짜는 없다!' 아마 모두들 잘 알고 있을 거야.

갓난아기였을 때는 엄마, 아빠가 많은 것들을 공짜로 해 주셨어. 먹는 것도 입는 것도 모두 공짜였지. 하지만 커 가면서 세상에 공짜는 없다는 걸 알게 된단다. 문방구에서 공책이나 게임기를 그냥 들고 나온다면? 당연히 도둑으로 몰리게 될 거야. 하루 종일 텔레비전만 보면서 놀고 싶어도 그렇게는 안 되지.

꾸무터 게임을 하고 싶으면 숫자 문제부터 풀어라!

텔레비전을 보고 싶으면 먼저 숙제부터 해!

늘 이런 식이란다. 안타깝게도 세상에 공짜는 없어. 사람들은 누구나 갖고 싶은 것을 가지기 위해서는 무언가 대가를 치러야만 해. 하고 싶은 일을 하기 위해서도 마찬가지야.

무언가를 선택한다는 것은 다른 무언가를 포기한다는 뜻이란다. 그렇기 때문에 우리는 선택을 하기 전에, 포기해야 할 다른 것에 대해 먼저 곰곰이 생각해 보고 결정해야만 해. 그래야 현명한 선택을 할 수 있어.

현명한 선택을 위해 꼭 알아야 할 한 가지
기회 비용

선택에는 언제나 대가가 따르게 마련이다.
여러 가지 것들 중에서, '어떤 걸 선택하느라 포기한 다른 무언가의 값어치'를 경제에서는 '기회 비용'이라고 한다. 현명한 사람이라면 기회 비용이 적은 쪽을 선택한다. 즉, 포기하는 것에 대한 아픔이 적은 쪽을 선택한다.

고무신 주고 엿 바꿔 먹기

아빠의 비밀일기

오늘, 난 아들에게 컴퓨터 게임을 하고 싶으면 수학 문제부터 풀라고 호통을 쳤다. 하지만 나도 옛날엔 엄마 속을 무던히도 썩였지. 흠, 흠.

옛날에는 엿장수가 동네 골목골목을 돌아다니며 엿을 팔곤 했다.

"엿 사려! 맛있는 호박엿, 생강엿, 땅콩엿이오!"

그 엿이 어찌나 먹고 싶었던지……. 엿을 사 먹으려면 돈을 가지고 가야 했지만, 문제는 돈이 없다는 사실.

옛날 어린이들에게 무슨 돈이 있었겠는가? 그래서 헌 고무신이나 빈 병 따위를 가지고 가면 엿으로 바꿔 주었다.

하지만 내겐 돈도 없고, 집에는 헌 고무신도 없고, 엄마는 엿 사 줄 생각도 안 하고……. 그래도 난 엿이 너무나 먹고 싶었다. 난 엄마 몰래 집에 있는 새 고무신을 훔쳐 엿장수에게 달려갔다.

그런데 잠깐! 고무신을 들고 엿 바꿔 먹으러 달려가면서도 내 머릿속은 무지 복잡했다.

고무신을 가져다가 엿을 바꿔 먹으면 좋은 점은? 물론

달고 맛있는 엿을 마음껏 먹을 수 있다는 것이지.

그럼, 나쁜 점은? 엿을 사 먹고 집으로 돌아오면 엄마에게 무지 혼이 나야 한다는 것이지. 어쩌면 매를 맞을지도 몰라. 멀쩡한 고무신을 엿 바꿔 먹어 버렸으니까.

잘 생각해야만 했다.

"엿 바꿔 먹고 매를 맞을 것이냐? 엿을 포기하고 착한 어린이로 남을 것이냐? 그것이 문제로다!"

결국 나는 엿을 선택했다. 맛있는 엿을 먹은 대가는 종아리 스무 대를 맞는 것이었다. 난 매를 맞으면서도 입 안에 달콤한 엿을 오물거리고 있었다. 난 선택을 잘 했다고 생각했다. 만일 착한 어린이를 선택했다면, 무지 후회했을 거다. 엿은 너무도 맛있었으니까.

아들아, 부디 너도 언제나 후회하지 않을 선택을 하기 바란다.

선택을 잘 하려면 기회 비용이 적은 쪽을 골라야 한다고 했어. 매맞을 일이 걱정되는 친구는 엿이 아닌 착한 어린이를 선택해야만 해. 하지만 착한 어린이 노릇보다 엿을 먹는 게 더 좋은 친구는 당장 고무신으로 엿을 바꿔 먹어야겠지. 더 맘에 드는 선택을 해야 포기한 것에 대한 아픔이 적을 테니까 말야.

이렇게 기회 비용은 사람에 따라 다르게 나타난단다. 또, 경우에 따라서 다르게 나타나기도 하지. 중요한 건 **언제나 선택을 하기 전에는, 잠깐! 기회 비용을 생각해 보아야 한다**는 점이야. 당장 눈앞의 달콤한 엿만을 생각해서 행동했다가는 나중에 후회를 하게 될 테니까.

"아아, 달콤한 엿도 먹고 엄마에게 혼나지도 않는다면 얼마나 좋을까?"

하지만 그런 일은 좀처럼 일어나지 않아. 우리가 사는 세상은 천국이 아니거든. 모든 선택에는 대가가 따르고, 사람은 자기가 한 일에 책임을 져야만 해.

어린이들만 기회 비용을 따져 봐야 하는 건 아냐. 나라도 어떤 일을 할 때에는 기회 비용을 따져 본단다. 나라 살림을 꾸리는 데 필요한 돈은 국민들로부터 받은 세금에서 나와. 나라는 그 돈을 어디다 얼마나 쓸 것인지를 고민하지. 그 때 바로 기회 비용을 생각하는 거야.

국가가 고민하는 기회비용

대포와 버터, 혹은 대포와 갈비

- **대포** : 다른 나라에서 쳐들어오거나 전쟁이 날 것에 대비해서, 대포와 같은 무기를 사들이는 데 쓰는 돈. 국방비.
- **버터** : 국민의 생활을 더 낫게 하기 위해 쓰이는 돈. 서양의 경우는 버터, 우리 나라의 경우는 갈비라고 하자.

나라는 대포에 더 많은 돈을 쓸지, 갈비에 더 많은 돈을 쓸지 선택하기 전에 기회 비용을 따져 본다.

"대포에 더 많은 돈을 쓰면?"

국민들 생활이 가난해져서 갈비는커녕 밥도 못 먹겠다고 불만을 터뜨릴지도 몰라.

"국민을 위해 길 닦고, 가난한 사람을 위해 먹을 것 사 주느라 돈을 다 써 버리면?"

전쟁이 터져도 대포 하나 없으니 폭삭 망해 버릴지도 모르지.

"과연 어떻게 해야 튼튼하고 잘사는 나라가 될 수 있을까?"

나라마다 대포와 갈비의 기회 비용은 다르단다. 하지만 기회 비용이 적은 쪽으로 선택해야 한다는 것만은 틀림없지. 선택에는 항상 대가가 따르는 법! 그것만은 절대 잊으면 안 돼.

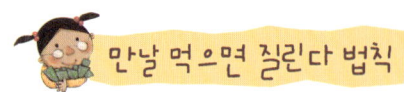

무지막지한 먹기 내기

쯧쯧, 세상에서 제일 무지막지한 먹기 내기에 참가하다니……. 가엾군.
　이 친구의 심정이 이해가 가지? 아무리 맛있는 피자라도 혼자 열 판을 먹을 수는 없어. 한계가 있으니까. 뭐든지 처음 먹을 때가 가장 맛있는 법이야. 먹으면 먹을수록 점점 맛이 없는 것같이 여겨지고, 즐거움도 줄어들지.
　게다가 배가 터지도록 부른데도 자꾸 먹으라고 한다면 그 땐 맛있기는커녕 끔찍할 거야. 아무리 갖고 싶었던 게임기도 처음 하나가 생겼을 때는 뛸 듯이 기분이 좋지만, 두 개, 세 개……, 백 개가 있다면? 뭐, 별로 좋지도 않게 될 거야.

'만날 먹으면 질린다 법칙'은 임금님에게도 마찬가지였단다.

조선 제16대 임금님인 인조는 생선 반찬을 아주 좋아했단다. 어느 날, 나라에 큰 전쟁이 일어나자 피난을 가야만 했지. 피난을 간 곳은 산골이라 생선을 구하기가 힘들었어.

"아아, 생선이 먹고 싶다. 맛있는 생선을 가져오는 사람에게는 큰 상을 내리겠다."

임금님이 말했어. 신하들은 동으로 서로 바쁘게 돌아다니면서 생선을 구하느라 애를 썼단다. 한 신하가 드디어 생선을 가지고 나타났어. 임금님은 그 생선을 먹고는 무척 즐거워했어.

"아니, 이렇게 맛있는 생선이 있었다니! 이름이 무엇인고?"

"예, 그것은 묵이라는 생선입니다."

"뭐? 묵이라고? 이름이 좀 촌스럽구나. 이봐라, 이 생선에 멋진 이름을 내려주어라.

"예, 전하."

신하는 그 생선에게 '충미어' 라는 이름을 내려주었단다. '임금님에게 즐거움을 준 생선' 이라는 뜻이지.

드디어 오랜 전쟁이 끝나고 임금님은 서울로 돌아오게 되었단다. 그리고 어느 날, 임금님은 다시 그 생선을 먹게 되었어.

"아니, 이 생선은 무엇인데 이리도 맛이 없냐?"

"그, 그건……, 전하께서 그리도 좋아하셔서 날마다 드시던……, 충미어이옵니다."

"뭐라고? 이게 그 충미어란 말이냐? 내가 이렇게 맛없는 걸 날마다 먹었단 말이냐? 에이, 이제부터는 이 생선을 도로 묵이라고 해라."

도로 묵, 그 때부터 그 생선의 이름은 도루묵이 되었다고 해.

그런데 피난지에선 그렇게도 맛있게 날마다 먹던 생선이, 어째서 서울로 돌아와서 먹으니 맛이 없어진 걸까?

서울에는 맛난 음식들이 아주 많았기 때문이야. 또 무엇보다 피난지에서 날마다 먹었기 때문에 임금님은 그만 질려 버린 것이란다. 아무리 맛있는 음식이라도 날마다 먹는다면 질리지 않을 사람이 어디 있겠니?

'희소성'에 대해 알고 있지? 구하기 힘들고 귀한 것은 높은 값어치를 갖고, 흔해빠진 것은 값어치가 없어진다는 얘기 말이야. '만날 먹으면 질린다 법칙'은 바로 이 '희소성'과 이어져 있어. 날마다 먹으면 너무 흔해져서 값어치가 없어지는 거야. 만족감도 떨어지고.

많이 먹으면 질린다는 건 누구나 다 알고 있는 뻔한 얘기인데, 그게 무슨 경제학의 법칙씩이나 된다는 건지 궁금하지 않니?

'만날 먹으면 질린다 법칙'에는 그보다 더 깊은 뜻이 담겨 있어. 바로 **이 법칙 때문에 사람들은 서로 교환을 하려고 하는 거**란다. 교환을 하려고 하니까 시장도 생겨난 것이고.

내게 빵이 산더미같이 많이 있어 봤자 무슨 소용이 있겠니? 빵만 계속 먹다 보면 금방 질려 버리고 마는데. 그렇다고 두고두고 먹으려고 해도 빵이 썩어 버리잖아. 그래서 다른 사람의 우유와 바꾸고 싶어지는 거야. 빵과 우유를 같이 먹으면 맛도 더 좋고 만족감도 높아지니까.

남들과 무언가를 서로 바꾸려고 하는 것은 사람의 본능이야. 그 본능 때문에 시장도 생겨나고, 수많은 장사가 생겨나게 되었지. 즉, 모든 경제 활동이 일어나게 된 거야.

또 '만날 먹으면 질린다 법칙' 때문에 사람들은 똑같지 않고 다양한 많은 것들을 원하게 되었어. 하나만으로는 만족을 할 수가 없어 다양한 것들을 자꾸 만들다 보니, 인간의 문명도 발달하게 되었단다.

'만날 먹으면 질린다 법칙'이 얼마나 중요한지 이제 알겠지?

'만날 먹으면 질린다 법칙'을 아는 사람들은 모두 '한계'를 잘 아는 사람들이야. 그래서 끝없이 욕심을 내지 않는단다. 만족을 느끼는 데 한계가 있기 때문에 아무리 좋아하는 것이라도 산더미같이 많이 가질 필요는 없다는 걸 잘 알고 있거든.

선택이 어려운 무차별

굶주린 당나귀의 고민

노릇노릇한 걸 먹을까, 파릇파릇한 걸 먹을까? 아, 어떤 게 더 좋을까?

배고픈 당나귀가 있었어. 당나귀는 짚을 찾아 온 들판을 헤매었지. 당나귀의 머릿속은 맛있는 짚단에 대한 생각으로 가득 차 있었단다. 짚단만 찾으면 아귀아귀 먹어 버릴 생각이었지.

더 이상은 걸을 힘도 없을 지경에 이르렀을 때, 드디어 당나귀는 짚단 두 개를 발견했어.

"야, 짚단이다! 그것도 두 개씩이나?"

당나귀가 보니 두 개의 짚단이 모두 맛있게 생겼어. 하나는 노릇노릇, 또 하나는 파릇파릇한 게 둘 다 입맛을 당기게 했지. 당나귀는 아무거나 덥석 달려들어 먹지를 않고 어느 쪽 짚단을 먹을 것인지 고민하기 시작했단다.

"노릇노릇한 게 맛있게 생겼는데? 아냐, 아냐. 파릇파릇한 게 더 맛있게 생겼어. 아냐, 아무래도 노릇노릇……? 아냐, 파릇파릇이 더 나아……."

당나귀는 끝도 없는 고민에 빠져 있었어. 도무지 어느 쪽 짚단에 입을 갖다 대야 할지 결정을 내릴 수가 없었단다. 둘 다 먹고 싶었기 때문이지.

결국 그 당나귀는 두 개의 짚단 사이에서 굶어 죽고 말았단다. 어느 쪽 짚단을 먹을지 고민에 고민을 하다가 끝내 결정을 못 해서 말야.

말도 안 되는 이야기라고?

그래, 정말 우스운 이야기란다. 당나귀를 아주 바보로 만든 이야기이지. 실제로 이런 당나귀는 한 마리도 없을 거야. 아무거나 덥석 먹지, 굶어 죽을 때까지 고민을 하겠어?

하다못해 동전을 던져서 고르든지, 손바닥에 침을 뱉어 탁 튀겨서 침이 향하는 쪽 짚단을 골라먹겠지. 아니, 그보다는 배고픈데 생각은 무슨 생각을 하겠니? 그냥 아무거나 집어먹겠지.

이 이야기는 부리단이라는 프랑스 철학자가 만든 얘기야. **선택을 한다는 게 이렇게 어렵다**는 걸 말하고 싶었던 것이란다. 부리단도 이런 당나귀가 있을 거라고 생각한 건 아냐.

그런데 이 이야기를 들은 경제학자들이 갑자기 당나귀처럼 고민을 하기 시작했어. 물론 어떤 짚단을 먹을까 고민한 건 아니란다.

"지혜로운 선택을 한다는 건 얼마나 어려운 일인가? 사람들이 **늘 지혜로운 선택을 할 수 있는 방법은 없을까?**"

백화점에 갔다고 생각해 봐. 게임기와 장난감이 산더미처럼 쌓여 있는 곳에 이르렀어.

아, 정말 고민이 될 것 같지 않니? 이 게임 CD도 사고 싶고, 저 게임 CD도 사고 싶고. 인라인 스케이트도 갖고 싶고, 스케이트 보드도 갖고 싶고 말야.

뭘 가져도 기분은 날아갈 듯이 기쁠 것만 같은데 그 중에서 무엇을 선택할지가 고민이지. 선택을 할 때까지는 어딘지 조금은 괴롭다는 걸 느껴 봤니?

바로 이런 상황에서 가장 좋은 선택은 무얼까? 그걸 경제학자들이 생각해 본 거야.

　사고 싶은 물건은 한두 가지가 아니라 무지 많은데, 갖고 있는 돈은 누구에게나 한계가 있어. 만약 세상 모든 걸 살 수 있는 부자라면 고민 따위는 할 필요가 없을 거야. 하지만 보통 사람들이라면 누구나 선택을 해야 해. **경제 문제는 언제나 선택을 해야만 한다는 데서 생기는 거**란다.

　파룻파룻 짚단만 좋아하는 당나귀나 노릇노릇 짚단만 좋아하는 당나귀라면 고민도 없을 거야. 당연히 자기가 좋아하는 짚단을 먹을 테니까. 그런데 굶어 죽은 당나귀는 둘 다 좋아했어. 그래서 문제였던 거지. **둘 다 좋아해서 어떤 걸 선택해도 만족감이 똑같은 경우를 '무차별' 하다**고 해.

고민고민~.

무차별

- 파룻파룻 짚단과 노릇노릇 짚단 둘 다 좋아한다.
- 스타크래프트 게임과 심시티 게임을 둘 다 좋아한다.
- 인라인 스케이트와 스케이트 보드 둘 다 좋아한다.

어떤 걸 사도 만족감이 똑같다. ➡ 무차별하다.

무차별한 경우에는 사실 어떤 걸 선택해도 만족감이 똑같으니까 고민할 필요도 없어. 그냥 둘 중에서 하나를 고르면 되지. 어떤 걸 고를지 고민이 된다는 건 그 중에서도 더 만족감을 주는 경우가 분명히 있다는 얘기야. 그 이유를 곰곰이 생각해서 찾으려고 하는 거지.

인라인 스케이트와 스케이트 보드 중에 어떤 걸 살까 고민 끝에 '굳이' 인라인 스케이트를 샀다면 무언가 이유가 있을 거야.

"인라인 스케이트를 타는 친구들이 더 많으니까 친구들과 함께 놀려면 인라인 스케이트를 사야 해."

그래, 이런 이유가 숨어 있었던 거야.

'굳이' 어떤 선택을 한다는 건 숨어 있는 이유가 있기 **때문**이란다.

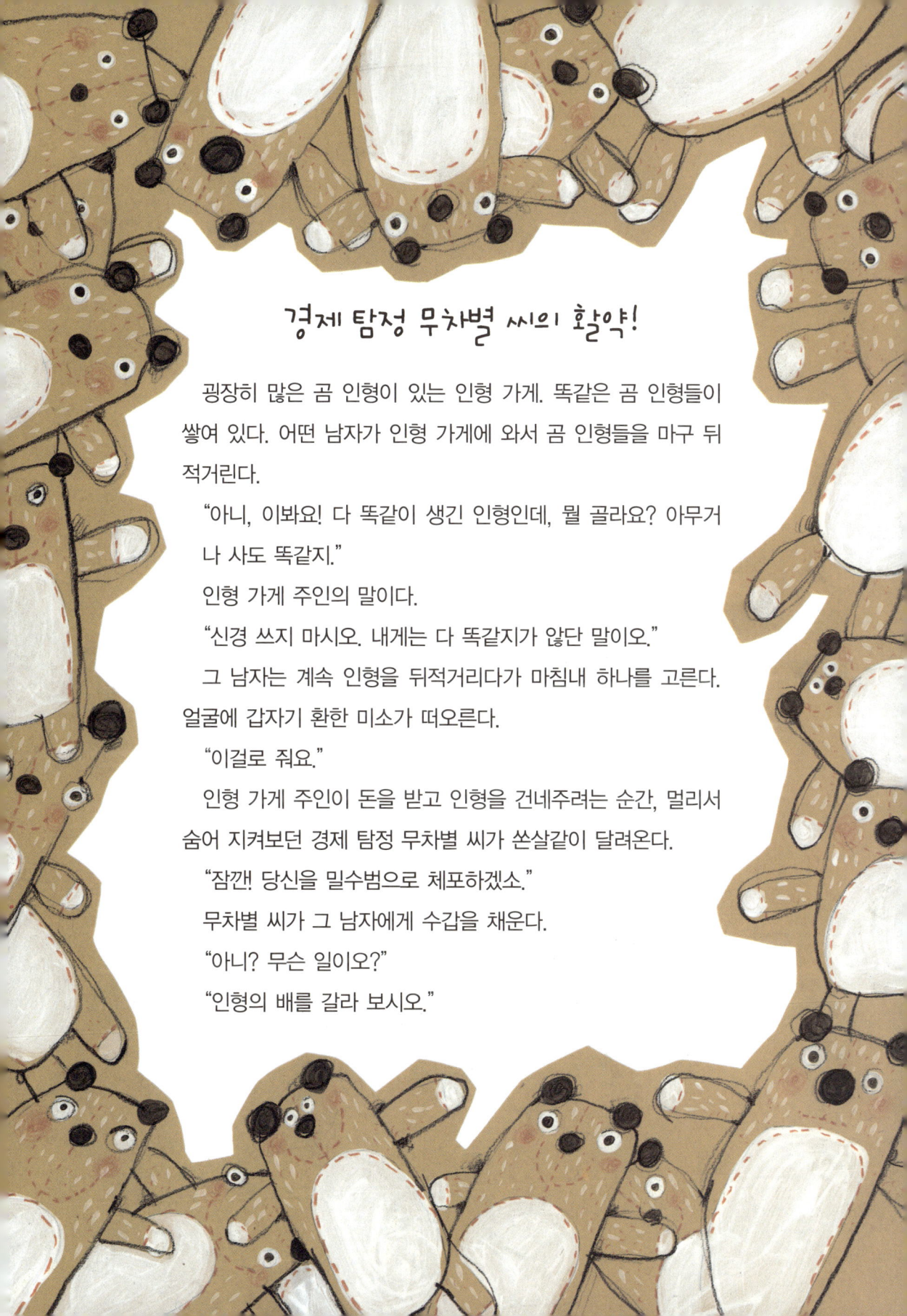

경제 탐정 무차별 씨의 활약!

굉장히 많은 곰 인형이 있는 인형 가게. 똑같은 곰 인형들이 쌓여 있다. 어떤 남자가 인형 가게에 와서 곰 인형들을 마구 뒤적거린다.

"아니, 이봐요! 다 똑같이 생긴 인형인데, 뭘 골라요? 아무거나 사도 똑같지."

인형 가게 주인의 말이다.

"신경 쓰지 마시오. 내게는 다 똑같지가 않단 말이오."

그 남자는 계속 인형을 뒤적거리다가 마침내 하나를 고른다. 얼굴에 갑자기 환한 미소가 떠오른다.

"이걸로 줘요."

인형 가게 주인이 돈을 받고 인형을 건네주려는 순간, 멀리서 숨어 지켜보던 경제 탐정 무차별 씨가 쏜살같이 달려온다.

"잠깐! 당신을 밀수범으로 체포하겠소."

무차별 씨가 그 남자에게 수갑을 채운다.

"아니? 무슨 일이오?"

"인형의 배를 갈라 보시오."

가게 주인이 인형의 배를 가르자 그 안에서 반짝이는 다이아몬드가 와르르 쏟아져 나온다.
"아니, 이럴 수가?!"
"인형 뱃속에 넣어 몰래 수입한 다이아몬드요. 다 똑같이 생긴 곰 인형인데, '굳이' 하나를 고르기 위해 뒤적거리는 데에는 다 이유가 있는 법이오, 이유가!"
무차별 씨가 범인을 끌고 유유히 사라진다.

지혜로운 선택을 하려면 언제나 숨어 있는 이유를 잘 찾아 내야만 해. 아무 고민도 없이 손에 잡히는 대로 물건을 사는 사람은 나중에 후회하기 쉽단다. 충동 구매는 아주 어리석은 일이야.

　진짜로 만족을 하려면 선택을 하기 전에 잠시 생각해 보는 게 아주 중요해. 경제 탐정이 되어서 숨어 있는 이유를 찾아 내는 거야. 하지만 너무 오랫동안 고민하면 이야기 속 당나귀처럼 굶어 죽을지도 모르니까 조심해야겠지?

리틀 부자 팁 1

좋은 부자, 나쁜 부자?

돈은 좋다, 아니면 나쁘다? 부자는 좋다, 아니면 나쁘다?

둘 다 틀렸다. 돈은 좋지도 않고 나쁘지도 않다. 부자도 마찬가지.

돈은 어떻게 벌고 어떻게 쓰느냐에 따라, 좋을 수도 있고 나쁠 수도 있다. 좋은 부자와 나쁜 부자가 있고, 또 좋은 가난한 사람과 나쁜 가난한 사람이 있을 뿐이다.

두 사람이 똑같이 10억 원의 돈을 벌었다. 한 사람은 세상 사람들이 좀더 편안하게 살 수 있도록 텔레비전이나 컴퓨터 같은 편리한 물건을 만들어서 팔았다. 그 사람은 사회에 이익을 주는 좋은 부자다.

또 한 사람은 마약을 만들어 팔고 남을 속여서 남의 돈을 자기 것으로 만들었다. 그 사람은 사회에 도움을 주기는커녕 피해를 입히는 나쁜 부자다.

부자건 가난한 사람이건 돈을 어디에, 어떻게 쓰는지가 중요하다.

가장 나쁜 사람은 돈을 많이 벌어서 쓸모 없거나 나쁜 일에 다 쓰는 사람이다. 그런 사람은 차라리 돈을 하나도 안 버는 게 더 낫다. 가장 훌륭한 사람은 돈을 많이 벌어서 좋은 일에 많이 쓰는 사람이다.

　돈을 조금 벌어서 쓸모 있게 잘 쓰는 사람도 괜찮은 사람이다. 돈을 조금 벌어서 쓸데없이 쓰는 사람은, 많이 벌어서 나쁘게 쓰는 사람 다음으로 형편 없는 사람이다.
　세상의 큰 부자들은 남을 돕는 일에도 큰돈을 내놓는다. 남을 돕는 건 돈을 훌륭하게 쓰는 하나의 방법이다. 하지만 꼭 남을 위해서만 잘 쓰라는 건 아니다. 자신을 위해서도 잘 써야 한다.
　사업을 늘리기 위해 투자하는 것, 공부하는 데 돈을 쓰는 것은 모두 자신을 위해 돈을 잘 쓰는 방법이다. 비싼 술집에 가서 술을 몽땅 마셔 버린다거나 필요 이상으로 비싼 물건들을 사들이는 건 바보 같은 짓이다.
　기왕 부자가 되려면 좋은 부자가 되자. 자기 자신을 위해서도, 사회를 위해서도 좋은 부자가 되자.

지혜로운 소비

이상하게도 비싼 게 더 잘 팔려

아무리 봐도 모양도 똑같고 품질도 큰 차이가 없어 보이지? 그런데 100만 원짜리 가방을 살 바보가 어디 있을까? 10,000원짜리 가방을 고르는 게 당연하지 않겠니? 그런데 100만 원짜리 가방을 못 사서 안달인 사람들이 있단다. 믿어지니?

텔레비전 뉴스에서 경제가 어려워졌다고 떠들어 댈 때 잘 들어 봐. 서민들은 허리띠를 졸라매느라 애쓰는데, 이상하게 값비싼 물건들은 날개 돋친 듯 팔린다는 거야. 수입한 골프채나 아주 비싼 가방과 옷 같은 것들 말이야.

그 이유가 궁금하지 않니? 어째서 가방을 100만 원이나 주고 사는 사람들이 있는 것일까?

경제학자들이 그런 모습들을 잘 관찰하고 이유를 찾아보았어. 그리고는 몇 가지 경제 법칙들을 찾아 내어 '효과'라는 이름을 붙였단다.

효과1 - 베블런 효과

내가 베블런인데···.

값이 올라가면 사람들이 물건 사는 걸 망설이고 꺼리는 게 보통이다. 그런데 신기하게도 값이 점점 올라가는데도 사람들이 몰려와 너도 나도 사겠다며 아우성인 경우가 있다.

왜 그럴까? 남에게 보이기 위해 가격이 비쌀수록 더 사려고 하는 것이다.

정말 배부른 소리 하고 있네. 먹고 살기도 힘들어 죽겠는데···.

이상하게도 비싼 게 더 잘 팔려

베블런이라는 미국의 경제학자가 그 이유를 밝혀 내서 '베블런 효과'라고 이름 붙인 거란다.

돈이 산더미처럼 많은 사람이라면 100만 원짜리 가방을 사도 아깝지 않을 거야. 그렇지만 세상에는 돈이 산더미처럼 많은 사람은 별로 없단다. 그런데도 이상하게 100만 원짜리 가방이 무지 잘 팔리는 거야.

베블런은 그 이유가 궁금해서 사람들을 지켜봤단다. 알고 보니 사람들은 부자인 체하기 위해 무리를 해서 비싼 가방을 사는 거였어. 100만 원짜리 가방을 들고 다니면 남들이 자기를 굉장한 부자로 볼 거라는 생각 때문이지.

뱁새가 황새를 따라가다가는 가랑이가 찢어지고 만다는 걸 모르는 걸까? 부자로 보이는 것도 좋지만, 100만 원짜리 가방에 수백만 원짜리 옷을 마구 사들이다가는 빚더미에 올라앉고 말 텐데.

뉴스에는 이런 이야기가 심심찮게 나온단다. 생각 없이 카드로 비싼 것들을 마구 사고 나서 돈을 갚지 못한 사람들 이야기 말이야. 카드 빚이 눈덩이처럼 불어나서 심지어는 사람이 팔려 가는 일까지 있어.

외상이면 소도 잡아먹는다는 속담이 있어. 소는 옛날에 큰 재산이었단다. 소로 농사를 지었으니까. 그런데 외상이면 그 비싸고 귀한 소까지도 사서 잡아먹는다는 거야. 잡아먹고 나면 어떨까? 소값 갚느라 쫄쫄 굶는 일만 남았겠지. 카드도 일단 쓰고 보자는 식으로 마음대로 썼다가는 큰일이 나고 만단다.

효과2 - 백로 효과

"까마귀 노는 곳에 백로야 가지 마라……."
남들이 다 갖고 있는 물건은 사지 않는다.
왜? 시커먼 까마귀와 같이 놀 순 없으니까.
튀어 보이려면 비싼 걸 살 수밖에 없다.

어떤 회사에서는 이 백로 효과를 이용해서 물건을 비싼 값에 팔기도 한단다. 가방이나 지갑을 만들 때, 아주 적은 양만 만들어 내는 거야. 그러면 사람들이 많이 살 수 없으니까 저절로 귀해진단다. 귀해지니까 값이 올라가. 사람들은 백로가 되기 위해 무척 비싼데도 그 회사의 가방이나 지갑을 산단다. 비싸고 귀한 것을 가지고 있으면 자신의 가치까지 올라갈 거라 생각하는 거지.

이 모든 일들이 돈만 많으면 훌륭한 사람인 양 대접받는 사회 분위기 때문에 생긴 코미디 같은 일들이란다.

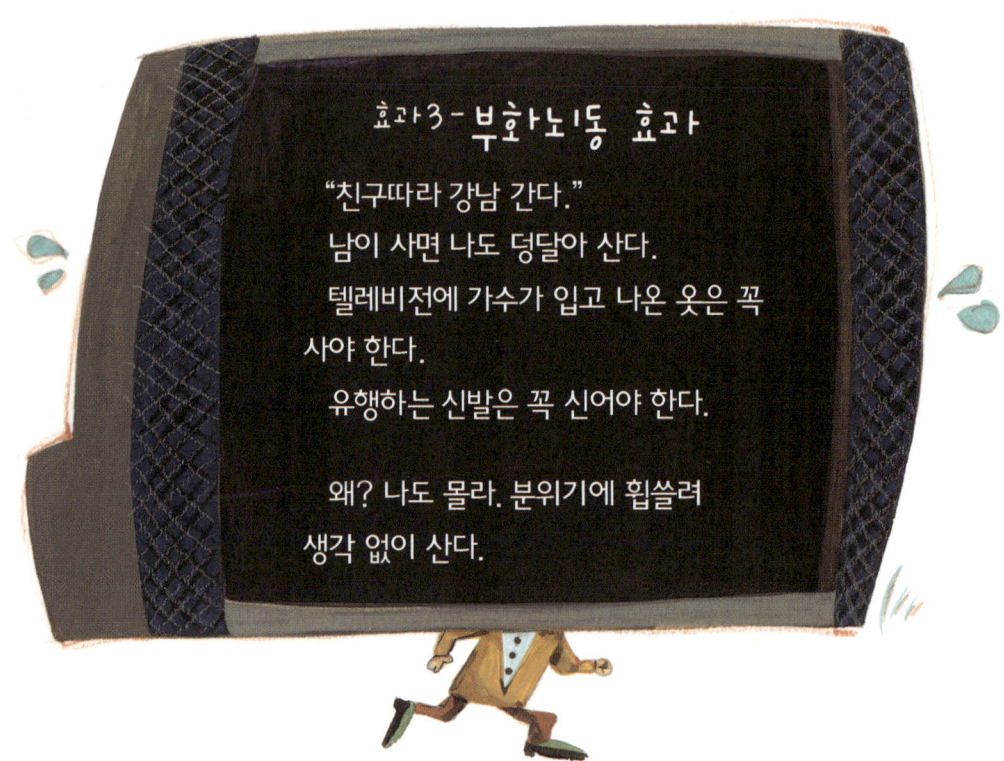

효과3 - 부화뇌동 효과

"친구따라 강남 간다."
남이 사면 나도 덩달아 산다.
텔레비전에 가수가 입고 나온 옷은 꼭 사야 한다.
유행하는 신발은 꼭 신어야 한다.

왜? 나도 몰라. 분위기에 휩쓸려 생각 없이 산다.

부화뇌동이란 줏대 없이 남을 따라하는 것을 말해. 부화뇌동 효과는 남들이 가진 것을 보고 덩달아 사는 걸 뜻하지. 주로 텔레비전 광고의 영향을 많이 받는단다. 어른들만 그런 게 아니라 어린이들도 텔레비전에서 광고하는 것들을 보면 사고 싶어하잖아.

잘 생각해 보렴. 가방은 물건을 담아 갖고 다니는 게 쓸모인데,

꼭 어떤 브랜드의 가방이어야 할 필요가 있을까? 또 청바지는 튼튼하고 예쁘면 되지 꼭 어떤 브랜드의 청바지일 필요가 있을까?

그런데도 우리는 텔레비전이나 잡지에서 광고를 하면 반드시 그 브랜드의 물건을 사고 싶어해. 남이 가진 것을 나도 갖고 싶어서야.

부화뇌동 효과는 백로 효과와는 반대인 것 같지? 하지만 둘 다 바람직한 경제 활동이 아니라는 점은 같단다. 남과 다르게 튀고 싶다고 해서 귀하고 비싼 것을 사야 할 이유는 없고, 남이 가진 것을 나도 갖고 싶다는 이유로 비싼 브랜드의 물건을 사야 할 필요도 없어. 베블런 효과처럼 남에게 자랑하기 위해 비싼 걸 무리해서 살 필요도 없지.

그럼 지혜로운 사람은 어떻게 할까? 남의 눈을 생각하기보다는 자신이 좋고 예쁘다고 생각하는 것을 사는 거야. 광고에 나온 것이라고 꼭 좋은 것은 아니란다. 유명 브랜드라고 꼭 훌륭한 것도 아니지.

"품질 좋고 예쁘면 되지, 왜 꼭 비싼 걸 사야 해?"

이렇게 말할 수 있는 사람이 지혜로운 사람이란다.

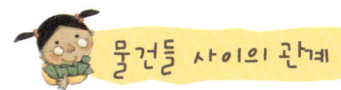
물건들 사이의 관계

빵이 없으면 고기를 먹으라고?

지금으로부터 200여 년 전에 프랑스에서는 큰 혁명이 일어났단다. 혁명이란 사회를 뿌리째 바꾸려고 많은 사람들이 한꺼번에 들고일어나는 것을 말해. 잘못된 정치로 백성들은 배를 곯고 있는데, 왕과 왕비는 화려한 궁전에서 온갖 사치를 다 누리며 살자 백성들이 혁명을 일으킨 거야. 왕이나 백성이나 다 똑같은 사람인데 너무 불공평하다고 여긴 거지.

배고픔에 지친 사람들은 베르사유 궁전으로 몰려갔어.

"빵을 달라! 아이들이 굶어 죽어 간다! 우리에게 빵을 달라!"

사람들이 아우성을 쳤어.

궁전의 창문 너머로 그 광경을 보고 있던 왕비, 마리 앙투아네트는 이렇게 말했단다.

"저 사람들 참 이상도 하구나. 빵이 없으면 고기를 먹으면 될 것 아닌가?"

　정말 철부지 같은 소리였어. 빵도 없어 굶는 사람들에게 고기가 있을 리 있겠니? 화려한 궁전에서 풍성한 음식과 비싼 보석에 둘러싸여 살던 왕비는 그런 현실을 조금도 알지 못했던 거야.

　그 뒤 왕비가 어떻게 되었는지 아니? 고기는커녕 빵 한 조각 나눠 주지 않고 혼자만 배부르고 속 편하게 살던 왕비는 왕과 함께 혁명군에게 죽임을 당했단다. 오랫동안 당한 고통 때문에 백성들이 화가 났던 거야.

　왕비가 경제 공부를 조금만 했더라면 그렇게 죽지는 않았을 텐데. 왕비는 '대체재'의 뜻을 알지 못했던 거란다.

마리 앙투아네트 왕비가 몰랐던 대체재

대체재란 어떤 물건이 너무 비싸거나 귀해서 살 수 없을 경우에 대신할 수 있는 물건. 빵의 대체재는 떡이나 밥, 감자. 소고기의 대체재는 돼지고기. 빵도 살 수 없는 사람들이 더 비싼 고기를 살 수 없는 건 당연한 사실.

어느 해 날씨가 나빠 밀농사를 망쳤다면 밀값이 비싸질 거야. 그러면 자연히 빵값도 올라간단다. 빵이 너무 비싸져서 살 수 없을 때, 빵 대신에 사 먹을 수 있는 것이 빵의 대체재란다. 꿩 대신 닭과 같은 경우를 말하는 것이지.

대체재 관계에 있는 물건들은 흔히 경쟁을 하게 돼. 콜라와 사이다, 감자와 고구마, 햄버거와 핫도그, 극장 영화와 집에서 보는 비디오테이프. 둘 중 하나의 값이 올라가면 다른 하나가 잘 팔리게 된단다. 그러니 햄버거 장수와 핫도그 장수는 서로 눈치를 볼 수밖에 없겠지.

세상에는 물건의 종류가 아주 많고, 서로 대체재 관계에 있는 것들도 많기 때문에 경쟁을 하게 되는 거란다. 물건을 사는 사람 입장에서는 콜라값이 비싸지면 사이다를 사 먹는 게 당연한 행동이지. 그래서 물건을 파는 장사꾼이나 기업은 서로 대체재 관계에 있는 물건값의 변화를 잘 살펴볼 필요가 있단다.

마리 앙투아네트 왕비가 또 몰랐던 보완재

보완재란 실과 바늘처럼 하나가 팔리면 다른 하나도 덩달아 팔리는 물건. 빵과 버터, 커피와 설탕, 승용차와 휘발유, 실내화와 신발주머니 같은 것들이 보완재. 마리 앙투아네트 왕비는 빵이 없다는 말은 버터도, 잼도 없다는 뜻이라는 걸 몰랐겠지.

핫도그와 토마토 케첩도 보완재 관계에 있는 물건이란다. 핫도그 값이 올라가면 토마토 케첩은 더 잘 팔릴까, 안 팔릴까? 값이 비싸지면 아무래도 핫도그를 덜 사 먹게 될 테니 토마토 케첩도 전보다 덜 팔리게 된단다.

만일 사업가라면 보완재 관계에 있는 물건들을 잘 알아둘 필요가 있어. 시장에서 어떤 물건이 잘 팔리는지 눈여겨봐 두었다가 그것과 보완재인 물건을 팔면 되거든.

핸드폰이 불티나게 팔리기 시작하자 그전까지는 없던 물건이 생겨났어. 바로 핸드폰 줄이란다. 핸드폰이 잘 팔리는 걸 눈여겨봐 두었던 사업가가 핸드폰 줄이라는 물건을 만들어 낸 거야. 새로이 잘 팔리는 물건 하나가 생기면 거기 따라붙는 물건들도 생겨나게 마련이란다. 물론 보완재 관계에 있는 것들이지.

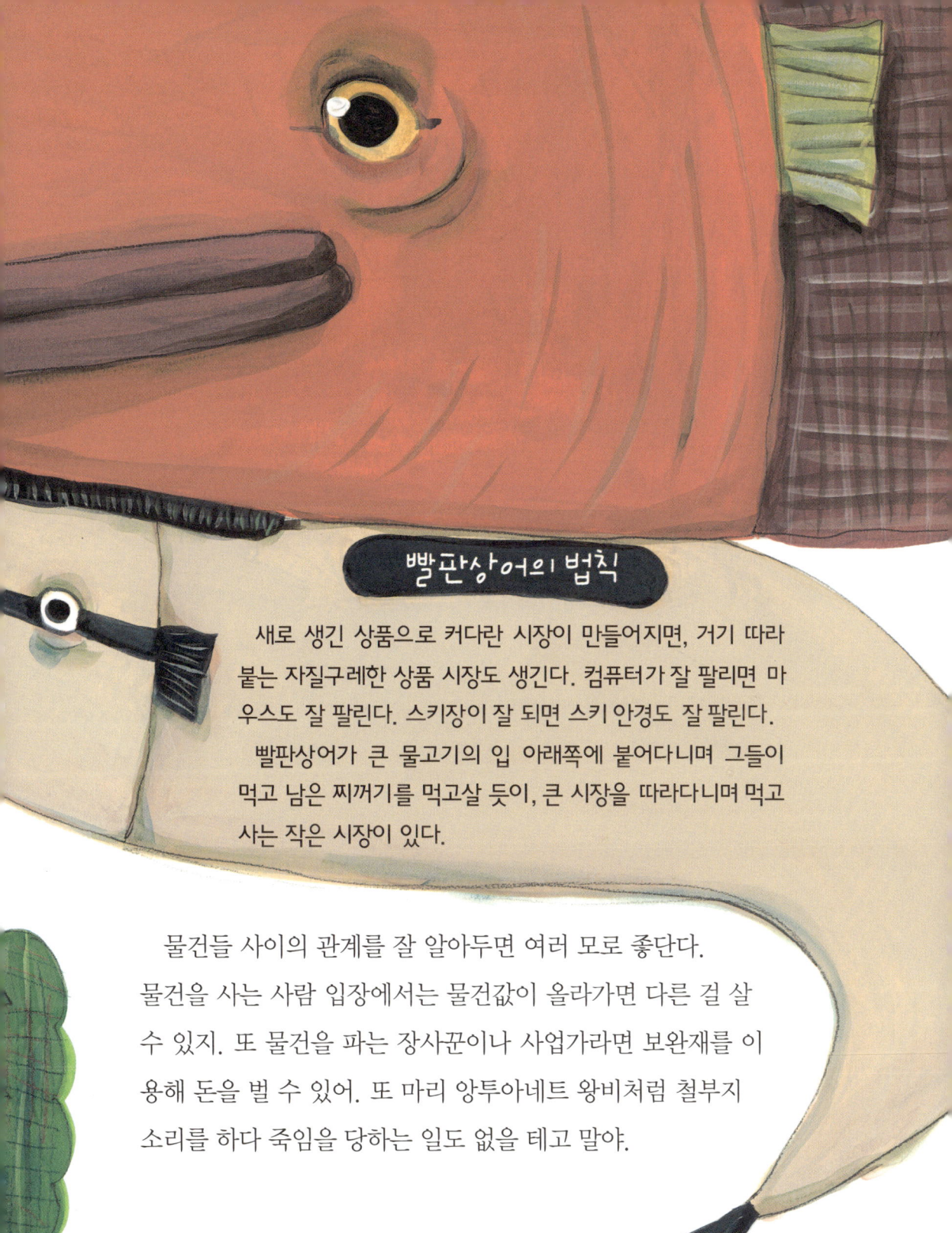

빨판상어의 법칙

새로 생긴 상품으로 커다란 시장이 만들어지면, 거기 따라붙는 자질구레한 상품 시장도 생긴다. 컴퓨터가 잘 팔리면 마우스도 잘 팔린다. 스키장이 잘 되면 스키 안경도 잘 팔린다. 빨판상어가 큰 물고기의 입 아래쪽에 붙어다니며 그들이 먹고 남은 찌꺼기를 먹고살 듯이, 큰 시장을 따라다니며 먹고사는 작은 시장이 있다.

물건들 사이의 관계를 잘 알아두면 여러 모로 좋단다. 물건을 사는 사람 입장에서는 물건값이 올라가면 다른 걸 살 수 있지. 또 물건을 파는 장사꾼이나 사업가라면 보완재를 이용해 돈을 벌 수 있어. 또 마리 앙투아네트 왕비처럼 철부지 소리를 하다 죽임을 당하는 일도 없을 테고 말야.

경제 문제

싱싱한 사과와 굴비는 서울로 먼저 가네

    사과는 대구가 유명하고, 굴비는 영광에서 난 걸 제일로 친단다. 사과나무가 자라거나 굴비를 말리기에 날씨가 알맞아서 그 곳에서 난 것들이 가장 맛있거든.
    "야, 그럼 대구에 가면 가장 맛있는 사과를 먹고, 영광에 가면 최고의 굴비를 실컷 먹을 수 있겠네."
    벌써 이런 생각으로 침부터 꼴깍 삼키고 있는 것 아니니? 안타깝지만 그럴 일은 없단다.
    신기하게도 가장 맛있는 사과와 굴비는 모두 서울에 있어. 제주도 앞 바다에서 펄펄 뛰는 싱싱한 갈치를 잡으면, 그 갈치는 비행기에 실려 서울로 올라온단다. 살아 있는 싱싱한 상태를 유지하려고 바닷물에 담은 채로 말이야.
    가까운 곳에서 바로 먹으면 가장 싱싱하고 맛있게 먹을 수 있을 텐데, 어째서 사과와 굴비와 갈치를 급히 트럭이나 비행기에 실어서 서울로 쏜살같이 나르는 걸까?

그 까닭은 경제 문제에 있어.

서울에 가장 많은 사람이 살고 있기 때문이란다. 고기가 있는 곳에서 낚시질을 해야 하는 것처럼 **사 먹을 사람이 가장 많은 곳에 가지고 가야 돈을 벌 수 있을 테니까.** 사과를 팔아 돈을 벌려고 과수원 주인은 침을 꼴깍 삼키면서도 맛있게 잘 익은 사과를 서울로 보내는 거란다.

과수원 주인이야 그렇다 치고, 과수원 가까운 마을에 사는 사람들은 좀 억울하지 않겠니? 바로 옆에서 사과가 먹음직스럽게 익어 가는 걸 지켜본 사람들이 못생긴 쭉정이 사과들만 먹어야 한다니.

그렇게 억울하다고 생각한 사람들 가운데 한 사람이 신문사에 글을 써 보냈어.

싱싱한 사과와 굴비는 서울로 먼저 가네

나도 한 마디

억울합니다!

도대체 왜 우리 마을에는 이렇게 못생긴 묵은 사과만 있지요? 꼭지가 다 말라비틀어진 것들만 있다고요. 어제 과수원을 지나면서 보니 금방 딴 사과는 제가 사먹은 사과보다 두 배는 크더군요. 그렇게 크고 싱싱한 사과들은 다 어디로 가는 겁니까? 서울 사람만 사람입니까? 우리도 맛있는 사과를 먹고 싶다고요.

그 기사가 나간 뒤, 과수원 마을 사람들은 모두 나와 아우성이었어. 그 동안 마음 속으로만 불만을 품고 있었는데, 마침 잘 됐구나 싶어서 모두들 항의하기 시작했지.

"우리도 싱싱하고 맛있는 사과를 먹게 해 달라!"

며칠이 지나서 한 경제학자가 답을 했어.

오늘의 이슈

사과 문제에 대한 답변

"싱싱하고 맛있는 사과는 왜 다 서울로 가느냐?"

좋은 질문입니다. 이 질문은 대학의 경제학과 시험에 단골로 나오는 문제랍니다.

이유는 사과값 때문이랍니다. 싱싱한 사과와 쭉정이 사과의 상대적인 값의 차이 말입니다.

쭉정이 사과는 값이 싸거든요. 싱싱한 사과는 쭉정이 사과보다 값이 두 배나 비싸답니다. 그래서 과수원 마을에서는 싱싱한 사과는 너무 비싸다고 안 팔리지요.

그럼 서울에 가면 왜 싱싱한 사과가 잘 팔릴까요? 서울에 부자들이 많이 살아서 그럴까요? 그게 아니랍니다. 서울까지 가지고 가는 운송비 때문이에요.

싱싱한 사과든 쭉정이 사과든 트럭에 싣고 가기는 마찬가지입니다. 싱싱하든 쭉정이든 운송비는 똑같답니다. 운송비가 똑같이 드니까 서울에 가면 싱싱한 사과와 쭉정이 사과의 값 차이가 줄어들지요.

이해하시겠지요? '서울에 가면 싱싱한 사과가 상대적으로 덜 비싸지기 때문'에 잘 팔리는 겁니다. 과수원 주인 입장에서야 잘 팔리는 곳으로 싱싱한 사과를 실어나르는 게 당연하지요. 무슨 꿍꿍이가 있는 게 절대 아니랍니다.

싱싱한 사과와 굴비는 서울로 먼저 가네

과수원 마을 사람들은 경제학자의 답을 듣고는 잠잠해질 수밖에 없었어. 싱싱한 사과의 값이 쭉정이 사과의 두 배나 된다면 사먹기 힘들겠다는 생각이 들어서야. 그러면서도 서울에 가면 왜 싱싱한 사과가 덜 비싸진다는 건지, 이해가 잘 안 돼서 고개를 갸웃거리는 사람들이 있었어.

그래서 경제학자는 과수원 마을 사람들을 위한 표를 만들어 보내 주었어.

왜 싱싱한 사과가 서울로 가면 상대적으로 덜 비싸지나

※ 운송비 : 똑같이 500원

	싱싱한 사과	쭉정이 사과	값의 차이
과수원 마을	1,000원	500원	2배
서울	1,500원	1,000원	1.5배

그제야 과수원 마을 사람들은 모든 걸 이해하고 조용히 집으로 돌아갔어. **운송비가 붙으면 값의 차이가 달라지기 때문에,**

고급 사과일수록 멀리 가는 게 낫다는 걸 깨달은 거야.

사과만 그런 게 아니란다. 미국 플로리다 지방에서 난 싱싱한 오렌지나, 남아메리카 콜롬비아에서 난 커피도 가장 좋은 것들이 배를 타고 먼 우리 나라까지 와. 또 큰 새우나 전복처럼 우리 나라에서 잡은 비싼 해산물들은 모두 일본으로 수출이 돼. 우리 나라에서는 비싸지만 일본으로 가면 상대적으로 싸지기 때문이지.

가장 고급인 것을 멀리 보내는 거야. 그래야 잘 팔리니까. 고급은 모두 수출하고 우리 나라 사람들에겐 쭉정이만 판다고 억울해할 필요는 없어. 우리 나라 사람을 업신여겨서 그러는 게 아니니까. 모든 건 경제 문제 때문이란다.

 화폐 이야기

세상을 돌고 도는 돈은 왜?

돈의 여행을 상상해 본 적 있니?

돈은 한국 은행에서 태어나서 낡고 병들어 다시 한국 은행으로 돌아갈 때까지 세상을 돌고 또 돈단다. 안 가는 곳이 없지.

햄버거를 사 먹는 아이의 손에서 햄버거 가게 금고로 들어갔다가, 월급으로 햄버거 가게 아르바이트를 하는 청년의 손에 들어가기도 하고, 다시 또 청년의 주머니에서 나와 구두 가게에 구두값으로 건네지기도 한단다.

물론 몇 년 동안 저금통에 갇혀 있기도 하지만 보통은 마구 세상을 돌아다닌단다. 그렇게 돌고 돈다 해서 이름도 돈이야.

돈은 왜 그렇게 세상을 돌아다니는 걸까? 세상에 돈이 없으면 안 될까?

만약 돈이 없다면…

옛날 옛적에는 돈이란 게 없었다.

그 때는 사람들이 모두 물물 교환을 했다. 물건과 물건끼리 서로 바꾸었다는 얘기다.

고기를 잔뜩 삶아 놓은 어떤 사람이 고기를 썰어 먹으려는데 아무리 찾아도 칼이 없었다. 그 사람은 대장간으로 달려갔다. 고기를 한 덩이 들고서.

"칼 좀 만들어 주세요. 이 고기를 드릴게요."

"나는 고기를 아주 싫어하는데? 내가 먹고 싶은 건 떡이야."

대장간 주인이 이렇게 말했다. 고기를 든 사람은 떡집으로 달려가야만 했다.

"저, 떡하고 고기하고 바꾸시겠어요?"

"뭐? 고기라고? 난 금방 고기를 먹었어. 내가 갖고 싶은 건 의자야. 의자가 망가졌거든."

이번엔 목공소로 달려가야 했다.

"헉, 헉……, 고기하고 의자하고 바꾸시겠어요?"

"그것 마침 잘 되었군, 배가 출출하던 참인데……. 의자 여기 있소."

성공이다! 드디어 칼을 가질 수 있게 되었다.

세상을 돌고 도는 돈은 왜?

그 사람은 고기를 의자와 바꾸어, 다시 의자를 떡과 바꾸고, 떡을 칼과 바꾸어 가지고 집으로 돌아왔다. 어느 새 해가 꼴딱 저물어 버렸다.
"아니, 이게 웬일이야?"
집에 돌아와 보니 잔뜩 삶아 두었던 고기가 몽땅 다 쉬어 버린 것이다. 불쌍하게도 칼은 생겼지만 이제는 고기를 먹을 수 없게 되었다.

물물 교환은 이처럼 아주 불편했어. 내게 필요한 걸 가진 사람은 내가 갖고 있는 게 마음에 들지 않을 수도 있으니까. 흥정을 하려면 그 사람에게 필요한 걸 내가 가지고 있어야 하는데, 그게 항상 딱딱 맞아떨어질 수는 없거든.
그래서 사람들은 돈이란 걸 만들어 냈지. 돈이 사이에 끼면 모든 게 술술 풀리잖아. **떡이든, 돼지고기든, 칼이든 돈하고만 바꾸면 되니까.**

세상에 처음 돈이 생겼을 때 그건 지폐나 동전이 아니었단다. 옛날에 돈으로 쓰인 것은 소금이나 조개 껍데기 같은 것들이었어. 그러다 변하지 않는 금이 돈으로 쓰였어. 세월이 흘러, 돈은 가지고 다니기 간편한 지폐나 동전으로 바뀌었단다.

그런데 무엇이 돈으로 쓰이든지 **돈은 사람들 사이에 약속이 되어 있어야만 해.** 소금이 돈으로 쓰이는 곳에 가서 조개 껍데기를 들이밀어서는 아무것도 살 수 없어.

사람들은 왜 작은 종이 쪼가리를 받고서 맛있는 햄버거나 구두를 내주는 걸까? 한번 생각해 보렴. 햄버거 가게 아르바이트 청년은 왜 종이 쪼가리를 받고 좋아서 입이 찢어질까? 이상하지 않니? 돈은 먹을 수도 없고 입을 수도 없는 건데 말야.

돈은 먹지도 입지도 못하는 것이지만 그걸로 무엇이든 살 수 있단다. 먹을 것과 입을 것은 물론 자동차와 비행기도 살 수 있어.

돈은 그것 자체에 값어치가 있는 게 아니라 값어치를 품고 있는 거란다.
비밀은 바로 사람들 사이의 약속에 있어. 돈은 약속을 품고 있는 거야.

요즘엔 돈이 없어도 신용 카드로 뭐든지 살 수 있단다. 앞으로는 지폐보다 신용 카드 같은 것들이 더 많이 쓰일 거야. 돈은 어차피 약속이기 때문에 굳이 돈을 만드느라 종이를 낭비할 필요가 없으니까. 중요한 건 신용이지.

돈은 약속이기 때문에 법으로 정해 놓은 어떤 모양의 종이만 돈으로 인정받는단다. 아무거나 돈이라고 한다면 사람들은 너도나도 종이에 돈을 그려서 쓰려고 할 테니까. 돈이 약속이고 신용이라는 걸 잊었다간 위조 지폐범으로 몰리게 될 테니 조심해야 해.

세상에서 가장 무거운 돈

1. 남태평양의 작은 섬 '야프'에서 돈으로 쓰이는 건 무엇일까? 정답 : 커다란 돌
"카누나 과일을 사고 싶으면 돌을 가지고 오세요!"
2. 야프 섬에 없는 것은? 정답 : 소매치기

야프 섬에서는 커다란 돌이 돈이다. 사람들은 들고 다니기도 힘든 돌을 잔뜩 저축한다. 그럼 잔돈은 어떻게 사용할까?

놀라지 마시라! 잔돈으로 쓰이는 건 바로 맥주!

야프 섬 사람들은 맥주를 아주 좋아한다. 일을 해 주고 나면 그 대가로 맥주를 받아 그 자리에서 마셔 버린다.

바윗덩어리를 돈으로 쓰기 시작한 건 무려 2,000년 전부터다. 용감한 전사 아나구망이 이웃 나라 동굴에서 커다란 돌을 가져와, 달을 보며 돌을 큰 원 모양으로 만들자, 섬 사람들이 이를 보고 따라했다. 그 때부터 원 모양의 돌이 가치를 인정받아 돈처럼 쓰이게 되었다.

야프 섬에서는 돌을 내고 물건을 사고, 돌을 저축하고, 돌이 많은 사람이 부자다!

인플레이션

휴지 조각이 되어 버린 돈

"물가가 또 올라서 큰일이야. 라면 한 개가 700원이라니! 옛날엔 겨우 50원이었는데……."

시장에 다녀와서 엄마가 이렇게 이야기하는 걸 들어 본 적 있니? 옛날엔 라면이 50원이었는데 지금은 700원이나 줘야 한다니 화가 날 만도 하다는 생각이 들지.

게다가 라면값만 올랐다면 라면을 안 사 먹고 다른 걸 먹으면 되겠지만, 문제는 그게 아냐. 물가가 올라 버렸거든. **물가는 모든 물건들의 평균값을 말해.** 그러니까 물가가 올랐다는 건 라면값만 오른 게 아니라 모든 물건들 값이 다 올랐다는 얘기야.

물가가 오르는 것을 '인플레이션'이라고 한단다. 인플레이션은 경제에 쓰이는 말들 중에서 신문에 가장 자주 오르내리는 말이기도 해. 인플레이션이 일어나면 사람들은 불안해하고 걱정을 한단다.

그런데 물가가 오르는 게 정말 그렇게 나쁜 일일까?

잘 생각해 봐. 이상하지 않니? 모든 물건값이 같이 오르는데 뭐가 문제가 될까? 사람들이 일하고 받는 월급도 함께 오를 텐데 말야. 채소값이 오르면 채소 장수와 농민은 돈을 더 많이 벌게 되는 거잖아. 또 라면값이 오르면 라면 회사도 돈을 더 벌게 되는 것이고. 그러면 월급도 더 많이 주지 않겠어? 그럼 더 많은 월급으로 더 비싸진 채소와 라면을 사 먹으면 되잖아.

그래, 맞아. 실은 물가가 오르면 월급도 함께 오르기 때문에 물가가 조금 올라도 큰 문제는 없어. 다만 물가가 먼저 오르고 월급은 조금 있다가 오르거나 물가가 오른 만큼 월급이 오르지 않기 때문에 사람들이 불편을 겪게 되는 것이란다.

"그럼 인플레이션이 일어나도 걱정할 거 별로 없겠네요?"

잠깐 기다려 봐. 꼭 그렇지만은 않단다. 인플레이션이 큰 문제가 되는 경우도 있어. 물가가 조금 오르는 건 문제 될 것 없지만 **물가가 하늘 높은 줄 모르고 뛰는 경우엔 달라. 그런 경우를 '초인플레이션'이라고 해.**

잠깐 퀴즈!

물가가 오르면 돈의 가치는?
(올라간다, 내려간다)

정답 : 내려간다

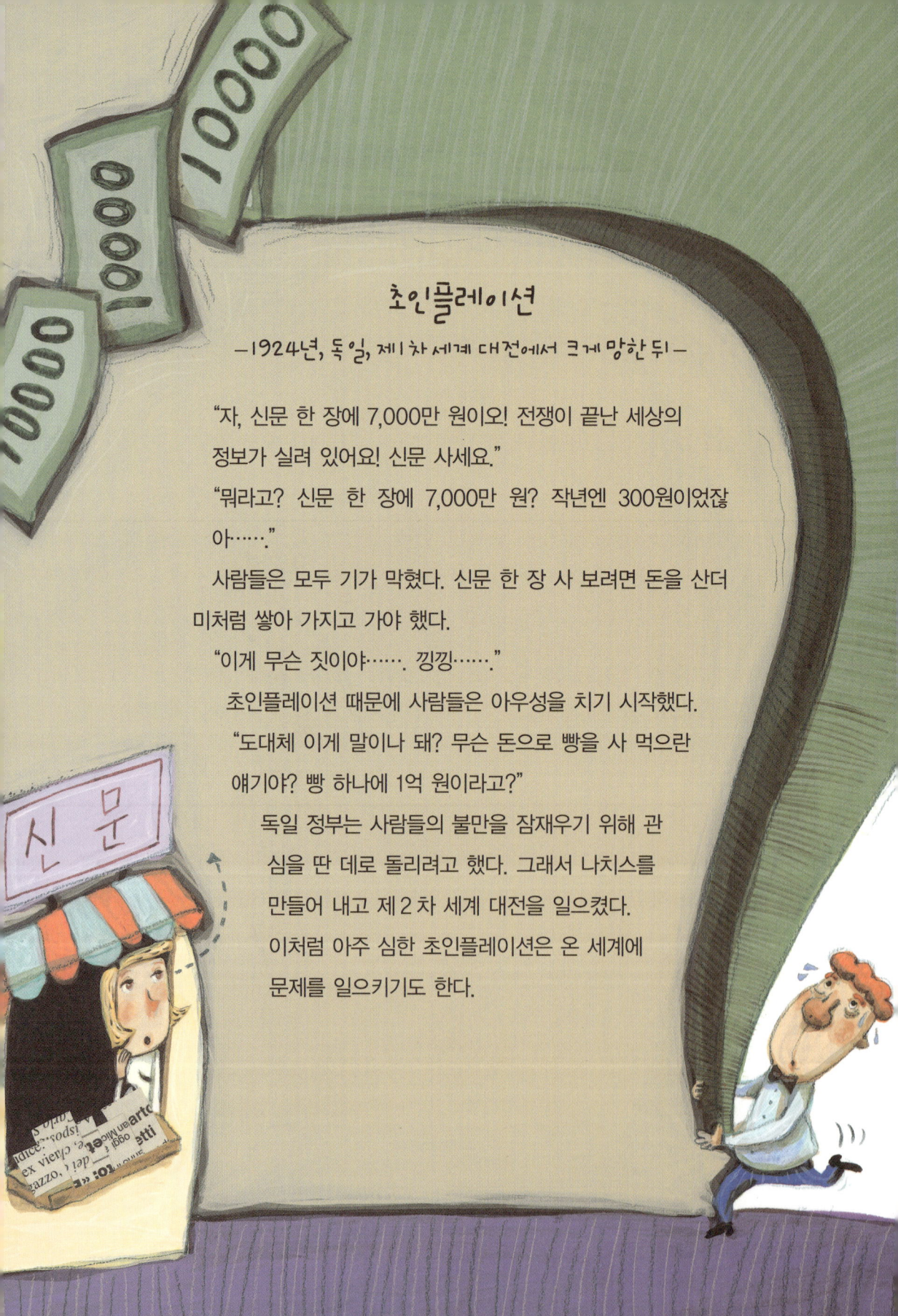

초인플레이션
— 1924년, 독일, 제1차 세계 대전에서 크게 망한 뒤 —

"자, 신문 한 장에 7,000만 원이오! 전쟁이 끝난 세상의 정보가 실려 있어요! 신문 사세요."

"뭐라고? 신문 한 장에 7,000만 원? 작년엔 300원이었잖아……."

사람들은 모두 기가 막혔다. 신문 한 장 사 보려면 돈을 산더미처럼 쌓아 가지고 가야 했다.

"이게 무슨 짓이야……. 낑낑……."

초인플레이션 때문에 사람들은 아우성을 치기 시작했다.

"도대체 이게 말이나 돼? 무슨 돈으로 빵을 사 먹으란 얘기야? 빵 하나에 1억 원이라고?"

독일 정부는 사람들의 불만을 잠재우기 위해 관심을 딴 데로 돌리려고 했다. 그래서 나치스를 만들어 내고 제2차 세계 대전을 일으켰다. 이처럼 아주 심한 초인플레이션은 온 세계에 문제를 일으키기도 한다.

도대체 이렇게 엄청난 인플레이션은 왜 일어나는 걸까?

여러 가지 이유가 있어. 경제가 빠른 속도로 성장하면 사람들이 물건을 많이 산단다. 그럴 때면 사려는 사람이 많으니 물건값이 올라가지. 너도나도 물건을 잔뜩 사니까 전체적으로 물가가 오르는 거야. 하지만 이 정도로 초인플레이션이 일어나는 건 아니란다.

초인플레이션이 일어나는 건 돈이 엄청나게 많아졌을 때야.

나라에서 돈을 펑펑 찍어 대면 끔찍한 초인플레이션이 일어날 수밖에 없지. 돈이 흔해지면 당연히 값어치가 떨어져. 1억 원이 100원 구실도 못 하게 되는 거라고.

경제학자 프리드먼

독일처럼 전쟁을 치르느라 망해서 나라에 돈이 바닥났을 때, 남아메리카의 나라들처럼 빚이 많아서 나라에 돈이 모자랄 때, 정부에서는 돈을 마구 찍어 낸단다. 그러다 보면 끔찍한 초인플레이션이 일어나게 돼.

상상해 보렴. 어떤 사람이 돈을 잔뜩 실은 헬리콥터를 타고 다니면서 길거리 여기저기에 그 돈들을 막 뿌리는 거야. 그럼 사람들은 너도나도 뛰어다니며 열심히 돈을 줍겠지. 그러고는 갑자기 돈이 생겼으니까 그 동안 사고 싶었던 것들을 모두 사려고 할 거야. 물건을 사려는 사람이 많아지니까 장사꾼들은 값을 자꾸만 올리지. 그래서 1,000원 하던 과자가 10만 원이 되는 거야. 돈이 많아도 아무 소용 없어. 그만큼 물건값도 올라가고 말 테니까.

초인플레이션이 일어나면 나쁜 이유

1. 구두 밑창이 닳아빠진다.

물가가 엄청나게 올라가면 사람들은 구두 밑창이 닳도록 은행과 시장을 자주 왔다갔다해야만 한다. 돈의 값어치가 떨어지니까 빨리 돈을 찾아 물건을 사 두어야 하기 때문.

구두 밑창이 닳는 것도 문제지만, 은행이나 시장을 쫓아다니느라 다른 일을 못 한다는 얘기.

2. 메뉴판을 날마다 바꿔야 한다.

어제는 1,000원 하던 떡볶이값이 오늘은 1,200원이 되었으니 메뉴판을 또 바꿔야만 돼.

단순히 식당 메뉴판 바꾸는 데 드는 돈만 말하는 게 아니다. 날마다 물가가 얼마나 올랐는지 살피고, 그에 맞게 물건값을 정하는 일에 시간과 노력을 들여야 한다는 것.

볼리비아에서는 물가가 6개월 사이에 380배나 오른 적도 있어. 어제 1,000원 하던 배추가 오늘은 2,000원이 되니 하루라도 빨리 돈을 물건으로 바꾸어 두는 게 이득이겠지. 그래서 볼리비아 사람들은 월급을 받으면 부리나케 달려가서 한 달치 국수와 쌀을 사 놓고 필요한 물건들을 사야만 했어. 은행에 저축해 둔 돈도 빨리 찾아다 써야만 했지. 오늘의 1,000원이 내일의 1,000원과 같은 돈이 아니니까. 정말 구두 밑창이 닳을 수밖에 없겠지?

우리 나라도 한때는 인플레이션이 너무 심해서 사람들이 너도 나도 부동산 투기를 하곤 했단다. 저축은 하지 않고 말이야. 저축을 하면 오히려 손해를 보지만, 집을 사 두면 1,000만 원에 산 집이 몇 년 사이에 1억 원이 되기도 했으니까.

인플레이션이 심한 나라는 경제가 안정되지 않은 나라란다. 조금씩 천천히 물가가 오르는 건 괜찮지만 갑자기 심하게 물가가 오르는 것은 역시 좋지 않은 일이야.

리틀 부자라면 이런 습관을 가져라!

부자가 되고 싶다면? 반드시 돈을 잘 쓰는 법을 알아야 한다.

돈을 잘 쓰려면, 첫째로 선택을 잘 해야 한다. 무엇을 사기 전에 반드시 곰곰이 생각해서 필요 없는 데 돈을 쓰지 않아야 한다. 또 돈을 쓰고 싶은 마음을 참을 줄 알아야 한다. 갖고 싶은 게 생길 때마다 모두 사려고 하는 사람은 절대 부자가 될 수 없다. 갖고 싶은 건 끝도 없이 자꾸 생기지만 돈은 한계가 있는 법이니까.

부자가 되려면 돈을 관리하고, 자신을 관리하는 습관을 들여야 한다. 이 두 가지 모두를 연습할 수 있는 가장 좋은 방법이 바로 '용돈 기입장 적기'이다.

용돈 기입장 적기

1. 목표 세우기

용돈을 받으면 가장 먼저 무엇을 하고 싶은지, 무엇을 사고 싶은지 목표를 세운다. 예를 들어, '게임기를 사고 싶다. 놀이 공원에 가고 싶다. 책을 사고 싶다.' 같은 목표를 적어 둔다.

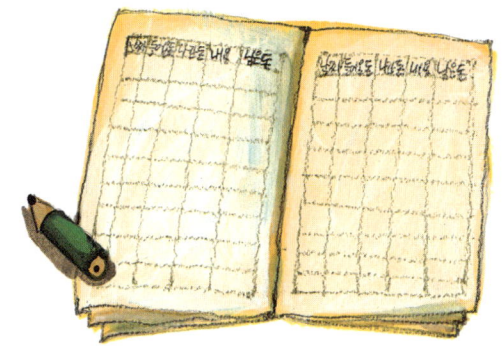

2. 예산 짜기

'게임기를 사려면 얼마가 필요하다. 나의 용돈은 한 달에 얼마다. 필요한 것을 사고 나면 얼마 정도씩 저축을 할 수 있다. 몇 달을 모으면 게임기를 살 수 있다.'

이렇게 계획을 짠다. 여기서 중요한 건, 용돈 중의 얼마를 반드시 저축해야 한다는 것이다. $\frac{1}{10}$ 정도는 반드시 저축을 한다.

3. 날마다 용돈 기입장 쓰기

들어온 돈, 나간 돈, 남은 돈을 하나하나 적는다. 무엇에 돈을 썼는지 내용도 적는다.

4. 평가

나의 돈 쓰는 습관을 돌아본다. 쓸데없는 곳에 너무 많은 돈을 쓰지는 않았는지, 저축은 약속대로 했는지 반성한다. 다음 달 계획을 짤 때 참고한다.

 저축과 투자

바나나만 키우는
나라의 고민

바나나만 키우는 나라가 있었어. 그 나라 사람들은 모두 바나나를 아주 좋아했단다. 바나나는 늘 날개 돋친 듯 팔렸고 사람들은 돈을 잔뜩 벌었지.

어느 날, 나라에서 사람들에게 벌어들인 돈을 저축하라고 권했어.
"국민 여러분, 저축을 하세요, 저축을! 돈을 다 써 버리면 나중에는 맛있는 바나나를 하나도 사 먹지 못할 거예요."

사람들은 모두 열심히 돈을 모으기 시작했지. 그런데 모든 사람

들이 저축을 열심히 하자 생각지도 못했던 일이 벌어졌어. 바나나를 마음껏 먹어 대던 사람들이 돈을 아끼느라 바나나를 덜 사 먹으니 바나나값이 마구 떨어지기 시작했어. 바나나를 키우는 데 드는 돈은 똑같은데 값이 떨어지니까 바나나 농장은 손해를 보게 되었어.

"이런, 바나나값이 자꾸만 떨어지네. 왜 사람들이 바나나를 실컷 사 먹지 않는 거야?"

손해를 메우기 위해 바나나 농장마다 일꾼을 줄였지. 많은 사람들이 실업자가 되었어. 농장 일꾼들뿐 아니라 청소부들도 일자리를 잃었단다. 길거리에 떨어진 바나나 껍질이 줄어들었기 때문이지.

월급을 못 받는 사람들이 늘어나자 바나나는 점점 더 안 팔렸어. 바나나값은 또 떨어졌지. 바나나값이 너무 떨어져 농장들은 하나 둘 문을 닫기 시작했어. 사람들은 일자리를 잃고 휘청휘청 거리를 돌아다니기만 했어. 바나나를 팔아도 남는 게 없기 때문에 바나나 농장에선 이제 아예 바나나를 키우지 않았어. 사람들은 바나나가 없어 굶기 시작했어. 결국 바나나만 키우는 나라는 망해 버리고 말았단다.

이 이야기는 케인스라는 영국의 유명한 경제학자가 지은 책에 나오는 이야기야.

이게 도대체 어떻게 된 일일까? 저축과 절약이 그렇게 무시무시한 결과를 가져온다면, 어째서 학교와 나라에서 열심히 저축하고 절약하라고 하는 걸까? 가만, 케인스의 이야기를 좀 들어 보자고.

무턱대고 저축만 많이 하는 것은 경제에 아무런 도움이 되지 않는답니다. 돈을 쓰는 일도 중요해요. 저축과 절약은 한 사람에게는 좋은 일이지만, 모든 사람이 저축만 하면 나라 전체는 곤란해져요. 생각해 봐요. 모두가 저축만 하면 어느 장사인들 안 망하겠어요?

케인스가 나타나기 전까지 경제학자들은 모두 '저축은 아주 좋은 일'이라고 생각했어. **저축을 해 두면 갑자기 사고가 생기거나 병에 걸렸을 때 모아 둔 돈으로 쓸 수 있어서 든든하단다.** 또 저축은 나라 살림에도 보탬이 돼. 기업과 나라에서 국민들이 저축한 돈을 기술을 발전시키거나 기계를 새 것으로 바꾸는 일에 쓰거든. 저축해 둔 돈이 없다면 이웃 나라에서 돈을 빌려 올 수밖에 없어. 나라에 빚만 늘어나는 거야. 물론 이자까지 갚아야 해.

그런데 케인스는 모든 사람이 저축을 열심히 하면 사람들은 굶주리고 나라는 망한다고 했어. 왜 그랬을까? 대체 무슨 말일까?

케인스가 진짜로 하고 싶었던 얘기는 "저축은 절대 하지 마!"가 아니라 "돈을 집에다 쌓아 두고 있으면 안 돼. **저축은 반드시 투자로 이어져야만 해!**"라는 거였어. 투자는 돈을 기술을 발달시키거나 기계를 바꾸는 것 등에 쓰는 걸 말해.

사람들이 돈을 모으는 데는 여러 가지 방법이 있어. 번쩍이는 커다란 금고를 마련해 돈을 잔뜩 넣어 둘 수 있지. 언제든 먹고 싶을 때 바나나를 실컷 사 먹을 수 있게 말이야.

또 돈을 은행에 저금하는 방법도 있어. 당장 쓰지 않고 나중에 쓰기 위해 일부러 돈을 은행에 묶어 두는 거야.

이 두 가지 경우만 봐도 큰 차이가 있어. 돈을 집 안에 있는 금고나 땅 속 깊이 묻어 둔다면 그 돈은 죽은 거나 마찬가지야. 기업이나 나라에서 돈이 필요할 때 그 돈을 빌려 쓸 수가 없으니까.

하지만 돈을 은행에 저축하는 건 다르지. 은행은 사람들이 저금한 돈을 모아서 기업이나 나라에 다시 빌려 주거든. 그러면 그 돈은 살아서 여러 용도로 쓰일 수가 있지. 투자로 이어지는 거야. 케인스는 그걸 말하려 했던 거였어.

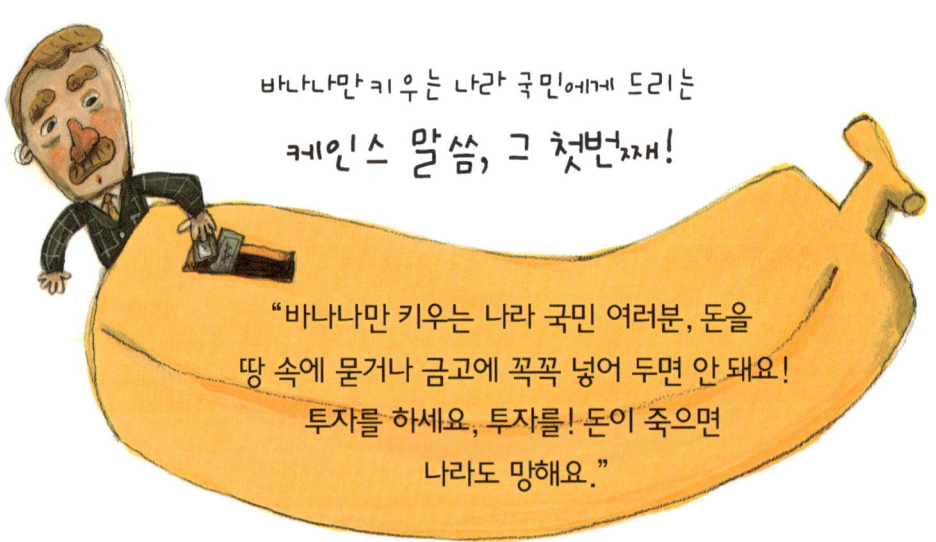

바나나만 키우는 나라 국민에게 드리는
케인스 말씀, 그 첫번째!

"바나나만 키우는 나라 국민 여러분, 돈을 땅 속에 묻거나 금고에 꼭꼭 넣어 두면 안 돼요! 투자를 하세요, 투자를! 돈이 죽으면 나라도 망해요."

저축이 투자로 이어지면 바나나 키우는 기술을 발달시킬 수 있어. 그럼 바나나 키우는 데 드는 돈이 줄어들지. 사람들이 바나나를 덜 사 먹어 바나나값이 좀 떨어진다 해도 바나나 농장은 손해를 보지 않아. 나라가 망할 리도 없지.

바나나만 키우는 나라 국민에게 드리는
케인스 말씀, 그 두 번째!

"바나나만 키우는 나라 국민 여러분, 바나나를 사 먹어야 합니다. 돈을 몽땅 저축만 하면 안 돼요. 바나나를 많이 사 먹어야 농장도 살고, 나라도 살아요. 맛있는 바나나, 바나나를 냠냠 사 먹읍시다!"

사람들이 만약 바나나를 하나도 사 먹지 않고 가진 돈을 몽땅 저축만 한다면 어떻게 될까? 바나나 농장들은 모두 문을 닫아야만 할 거야. 아무도 사 먹지 않는 바나나를 키워 봤자 썩어서 버려야만 할 테니까. 아니, 원숭이 좋은 일만 하는 셈이지. 하지만 원숭이가 돈을 내고 사 먹는 건 아닐 테니 바나나 농장은 모두 망해 버리겠지.

돈을 하나도 쓰지 않고 몽땅 저축만 한다는 건 어리석은 일이야. 절약과 저축이 좋은 것이긴 해도 너무 지나치면 결국 나쁜 일이 되어 버린단다. 몸에 좋은 약도 지나치게 많이 먹으면 독이 되는 것처럼 말이지.

알맞게 쓰고 알맞게 저축하는 것, 그게 바로 경제를 아는 사람들의 지혜란다.

 주식과 투자

부자가 보는
세상의 비밀

먼저, 스스로에게 부자가 되고 싶은지 물어 보렴.

진짜로 부자가 되고 싶다면 꼭 알아야 할 것이 있어. 바로 주식과 투자란다. 주식과 투자가 뭔지, 부자들만이 알고 있는 세상의 비밀을 알려 줄게.

부자가 되려면 가장 먼저 무얼 해야 할까? 사업을 해 볼까? 좋은 아이디어가 있니?

남들이 생각해 내지 못한 신선한 아이디어가 있다면, 또는 멋진 기계를 발명했다면 사업을 해 볼 수 있어. 좋았어!

그런데 돈은 있니? 사무실을 마련하고, 직원을 뽑고, 책상을 들여놓고, 컴퓨터도 장만하려면 적지 않은 돈이 든단다.

그 돈을 어디서 마련할까? 일단, 은행에서 빌리는 방법이 있겠지.

하지만 더 좋은 방법이 있어. 투자를 받는 거야.

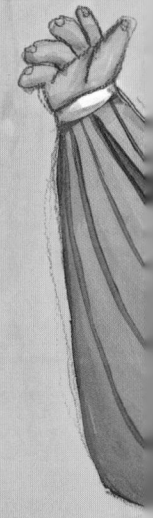

부자가 되기 위한 첫걸음
투자 설명회

"저는 멋진 사업을 준비하고 있습니다. 이건 아직까지 아무도 만든 적이 없는 기계랍니다. 바로 자동으로 코털을 깎는 기계예요. 정말 멋지지 않습니까? 이제 매일 아침, 거울을 들여다보며 가위로 힘들여 코털을 자르지 않아도 됩니다. 저는 코털 깎는 기계를 만들어 파는 회사를 세우려고 합니다. 여러분, 투자를 하세요! 돈을 많이 벌게 되면 여러분에게 그 이익을 나눠 드리겠습니다."

"뭐? 자동으로 코털 깎는 기계라고? 어디 좀 봅시다. 나도 자꾸만 코털이 비어져 나와서 골치였는데……. 그 기계가 그렇게 좋다면 당장 나부터 하나 사야겠소."

사람들에게 코털 깎는 시범을 보여 준다.

코털 깎는 기계가 마음에 든 사람들은 마구 달려들어 투자를 한다. 틀림없이 기계가 잘 팔릴 것이고, 코털 주식 회사는 성공해서 많은 돈을 벌 거라고 생각하니까.

회사를 만들려고 하는데 돈이 없어. 그럴 때는 투자 설명회를 열어서 돈이 있는 사람들에게 투자를 받으면 돼.

또 회사를 만들고 나면, 주식을 발행해서 사람들에게 팔면 된단다. 주식을 사는 사람들은 회사의 한 조각을 떼어 갖는 것과 같아. **주식을 사는 사람들은 모두 회사의 주인**이거든. 회사가 돈을 벌어들이면 주식을 산 사람들은 덩달아 돈을 벌게 되지. 자기가 산 주식만큼 이익을 나누어 가지니까.

부자가 되고 싶은 사람이 돈은 좀 있는데 머릿속에 아무런 아이디어도 없어. 그럼 어떻게 할까? 맘에 드는 회사의 주식을 사서 투자를 하면 되겠지.

아이디어와 솜씨는 있는데 돈은 없는 사람과, 돈은 있는데 쓸 데가 없는 사람이 만나서 함께 회사를 만드는 거야. 주식이 바로 그 사이에서 사람들을 이어 주는 거란다.

돈을 가방이나 금고에 단단히 넣어서, 꽁꽁 묶어서, 옷장 속이나 지붕 위에 올려놓아선 안 돼. 돈은 돌고 돌아야만 한단다. **돈을 필요한 곳에 쓸 수 있도록 하는 게 투자야.**

그럼 이제 투자를 하러 가 볼까?

부자가 되기 위한 두 번째 - 시끌시끌 주식 시장

"될성부른 나무는 떡잎부터 알아본다고 했으니까 잘 살펴봐야지. 음……, 어느 회사가 성공할까? 반질반질 화장품 주식 회사? 여기는 틀렸어. 사장이 반질거리다가 사업을 망칠 게 틀림없어. 코털 주식 회사? 그래, 여기가 좋겠군. 코털 깎는 기계라……. 아주 가능성 있는 회사야. 좋았어. 코털 주식 회사의 주식을 사야겠군."
코털 주식 회사의 주식을 산다.
이틀 뒤, 코털 주식 회사의 주식이 두 배로 오른다.
한 달 뒤, 코털 주식 회사의 주식이 열 배로 오른다.
코털 주식 회사의 주식을 산 사람들은 부자가 된다.

주식에 투자를 해서 부자가 되는 법을 알고 나니, 부자 되는 일이 누워서 떡먹기처럼 쉽게 여겨지지?

하지만 그렇게 쉬운 일은 아니란다. 주변에서 어른들이 하는 얘기를 잘 들어 보렴. 주식 투자를 했다가 쫄딱 망했다는 이야기가 심심찮게 들릴 거야. 왜 그럴까?

주식은 양은 냄비 속의 메뚜기와 같으니 조심하시오!

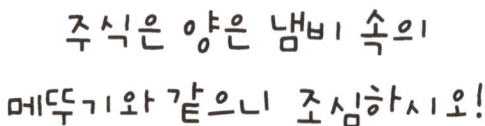

- **양은 냄비 속의 메뚜기**: 폴짝폴짝 뛰었다가 가만히 있기를 되풀이한다. 왜? 양은 냄비가 금방 뜨거워졌다가 금방 식으니까.
- **주식**: 하루가 다르게 날뛴다. 오르락내리락, 폴짝폴짝! 왜? 회사가 잘 나가면 사람들이 몰렸다가, 조금만 어려워지면 모두 도망가니까.
- **결론**: 주식값은 하루 아침에도 낭떠러지로 추락할 수 있다. 투자가들은 조심할 것!

주식을 사는 사람들은 회사가 발전할 거라는 미래의 가능성을 보고 사는 거야. 그러니까 주식 투자는 언제나 위험을 품고 있지.

현재 잘 나가는 회사라도 앞으로 잘 안 될 수도 있잖아. 경쟁 회사가 생겨서 그럴 수도 있고, 회사 사장이 갑자기 죽어서 그럴 수도 있어. 코털 주식 회사 옆에 솜털 주식 회사가 생기면 코털 주식 회사는 경계를 한단다. 지금은 변변치 않아 보이는 솜털 주식 회사가 좋은 아이디어로 갑작스레 성공할 수도 있기 때문이야.

점쟁이도 미리 점칠 수 없는 게 바로 주식의 변화란다. **주식의 변화는 정보와 많은 관계가 있어.** 투자를 하는 사람은 늘 경제의 흐름이 어떤지, 어떤 회사가 발전하고 있는지를 눈을 크게 뜨고 지켜봐야만 해. 주식 시장을 보면 그 나라의 경제가 어떻게 굴러가는지 알 수 있단다. 그만큼 주식 시장은 경제 상황을 빠르게 반영한다는 얘기야.

부자가 되는 것이 쉬운 일이 아닌 건 틀림없지만, 부자가 되려면 주식과 투자는 꼭 알아야만 한단다.

자, 주머니 속에 돈 100만 원이 들어 있다고 생각해 봐. 이 돈을 어떻게 할까?

맛있는 것을 사 먹고, 멋진 옷을 사 입고, 장난감을 사서 다 써 버릴까? 아니면, 꽁꽁 싸매서 서랍 깊숙이 숨겨 둘까? 은행에 저축을 할 수도 있을 테고……. 아니지, 주식에 투자를 해 볼까?

잘 생각해 보렴.

이자 이야기

돈이 벌어들이는 돈은 공짜?

옛날부터 많은 이야기 속에 고리대금업자가 나온단다. 고리대금업자란 남에게 돈을 빌려 주고 아주 비싼 이자를 받는 사람을 말해. 그런데 이야기들 속에서 고리대금업자는 하나같이 아주 나쁜 사람으로 그려져 있어.

도스토예프스키의 소설 '죄와 벌'에서는 한 청년이 고리대금업자 노인을 죽인단다. 그 이유가 뭔지 아니? '고리대금업자는 가난한 사람의 피를 빨아먹는 나쁜 사람이다. 욕심쟁이다. 사회에 아무 도움도 안 되니까 죽어 마땅하다.'는 거야.

또 단테의 '신곡'이라는 작품에 보면 지옥 이야기가 나오는데, 그 지옥 한가운데에 바로 고리대금업자가 있단다. 그만큼 나쁜 사람이라는 뜻이지.

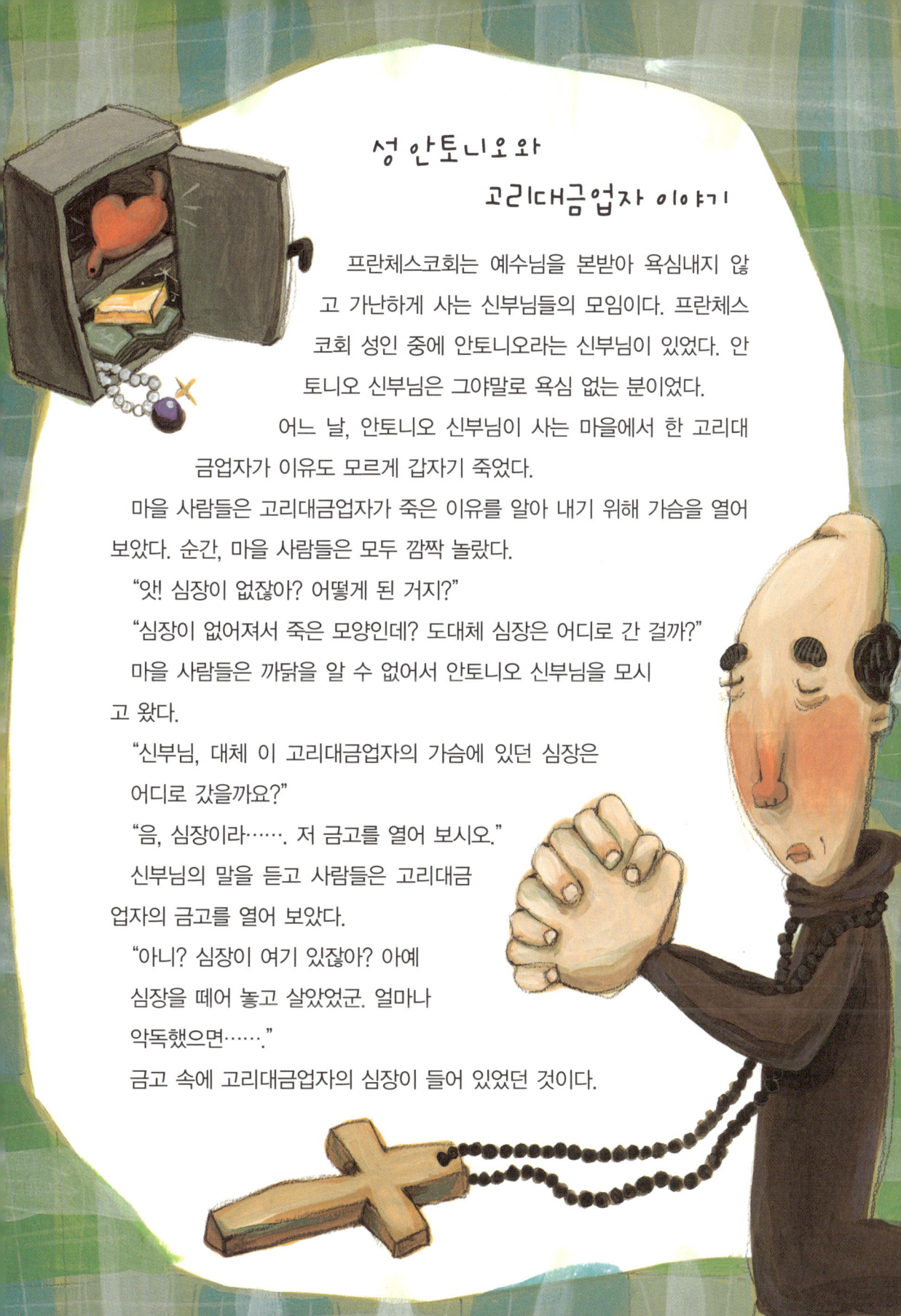

성 안토니오와 고리대금업자 이야기

프란체스코회는 예수님을 본받아 욕심내지 않고 가난하게 사는 신부님들의 모임이다. 프란체스코회 성인 중에 안토니오라는 신부님이 있었다. 안토니오 신부님은 그야말로 욕심 없는 분이었다.

어느 날, 안토니오 신부님이 사는 마을에서 한 고리대금업자가 이유도 모르게 갑자기 죽었다.

마을 사람들은 고리대금업자가 죽은 이유를 알아 내기 위해 가슴을 열어 보았다. 순간, 마을 사람들은 모두 깜짝 놀랐다.

"앗! 심장이 없잖아? 어떻게 된 거지?"

"심장이 없어져서 죽은 모양인데? 도대체 심장은 어디로 간 걸까?"

마을 사람들은 까닭을 알 수 없어서 안토니오 신부님을 모시고 왔다.

"신부님, 대체 이 고리대금업자의 가슴에 있던 심장은 어디로 갔을까요?"

"음, 심장이라……. 저 금고를 열어 보시오."

신부님의 말을 듣고 사람들은 고리대금업자의 금고를 열어 보았다.

"아니? 심장이 여기 있잖아? 아예 심장을 떼어 놓고 살았었군. 얼마나 악독했으면……."

금고 속에 고리대금업자의 심장이 들어 있었던 것이다.

이 고리대금업자는 아주 끔찍한 욕심쟁이였던 모양이야. 이자를 받아먹는 일을 했다간 심장이 없어질 것만 같아서 아예 심장을 떼어 놓고 살았나 봐.

그런데 세상의 모든 은행들이 이자를 주고받고 있으니 대체 어떻게 된 걸까? 은행에 다니는 사람들은 모두 죽어서 지옥에 가게 되는 걸까?

그럴 리는 없단다. 요즘 세상에 이자를 주고받는 일을 나쁜 일이라고 생각하는 사람은 거의 없어. 너무 많은 이자를 떼는 고리대금업만 아니라면 말이야.

300년 전까지만 해도, 사람들은 이자를 받고 돈을 빌려 주는 일은 나쁜 일이라고 생각했단다. 특히 이슬람 교를 믿는 사람들은 이자받는 일을 좋지 않게 생각했어. 이슬람 교의 경전인 '코란'에 이자를 받지 말라고 씌어 있거든. 돈을 빌리는 사람들은 어려운 사람들이니까 자비심을 가지고 도와 줘야 한다는 거야. 코란에서는 고리대금업자를 '악마에 홀린 자'라고도 한단다. 땀 흘려 일해서 돈을 벌어야 하는데, 고리대금업자는 가만히 앉아 돈을 벌기 때문이야. 이슬람 은행들은 지금도 이자를 주고받지 않는 곳이 많단다.

하지만 돈이 마을을 떠나 먼 다른 나라까지 돌고 도는 요즘 세상에는 이자를 받지 않고 돈을 빌려 주려는 사람은 없단다. 얼굴도 모르는 사람에게 이유도 없이 돈을 빌려 줄 수는 없으니까.

이자를 주고받는 이유

1. 이자는 기회 비용의 값

아무도 취미로 돈을 빌려 주는 게 아니다. 돈을 빌려 주는 이유는 이자를 받기 위해서다.

왜냐? 돈을 남에게 빌려 주지 않는다면 그 돈으로 맛있는 것을 사 먹을 수도 있고, 멋진 옷을 살 수도 있다. 놀이 공원에 가서 신나게 놀 수도 있다. 그 모든 걸 참고 남에게 돈을 빌려 주는 거니까 대가가 있어야 한다.

2. 이자는 돈을 사고 파는 값

돈도 다른 물건들처럼 시장에서 사고 파는 상품이다. 모든 상품에는 값이 있다. 돈의 값은 바로 이자다.

돈을 사고 파는 시장이 바로 은행. 은행에는 돈을 빌리려는 사람과 돈을 빌려 주려는 사람들이 몰려든다. 은행은 서로 얼굴도 모르는 사람들을 이어 주는 역할을 한다.

이자가 없다면? 돈을 빌려 주려는 사람은 아무도 없다. 돈을 빌리려는 사람은 줄을 선다.

돈에 값이 없다면, 사려는 사람과 팔려는 사람의 수를 적당히 맞출 수 없다.

"뭐? 이자가 없다고? 그럼 100만 원을 빌려도 1년 후에 딱 100만 원만 갚으면 된단 말야?"
"그래? 그럼 나도 빌려야지."

하지만 이자를 받지 않고 돈을 빌려 주려는 사람은 아무도 없겠지. 은행인들 돈이 어디서 나겠니? 빌려 주려는 사람은 없고 빌리려는 사람만 넘쳐나면 은행에 돈이 남아날 리가 없지.

이자는 이런 사태를 막기 위해서 꼭 필요하단다.

물건값은 그 물건을 사려는 사람과 팔려는 사람의 수를 맞춰 주지. 이자도 돈을 빌리려는 사람과 빌려 주려는 사람의 수를 알맞게 조절해 준단다. 그래서 이자를 얼마나 주고받느냐 하는 것이 중요한 경제 문제가 되는 거야.

이자가 비싸면 저축을 하려는 사람은 늘어나지

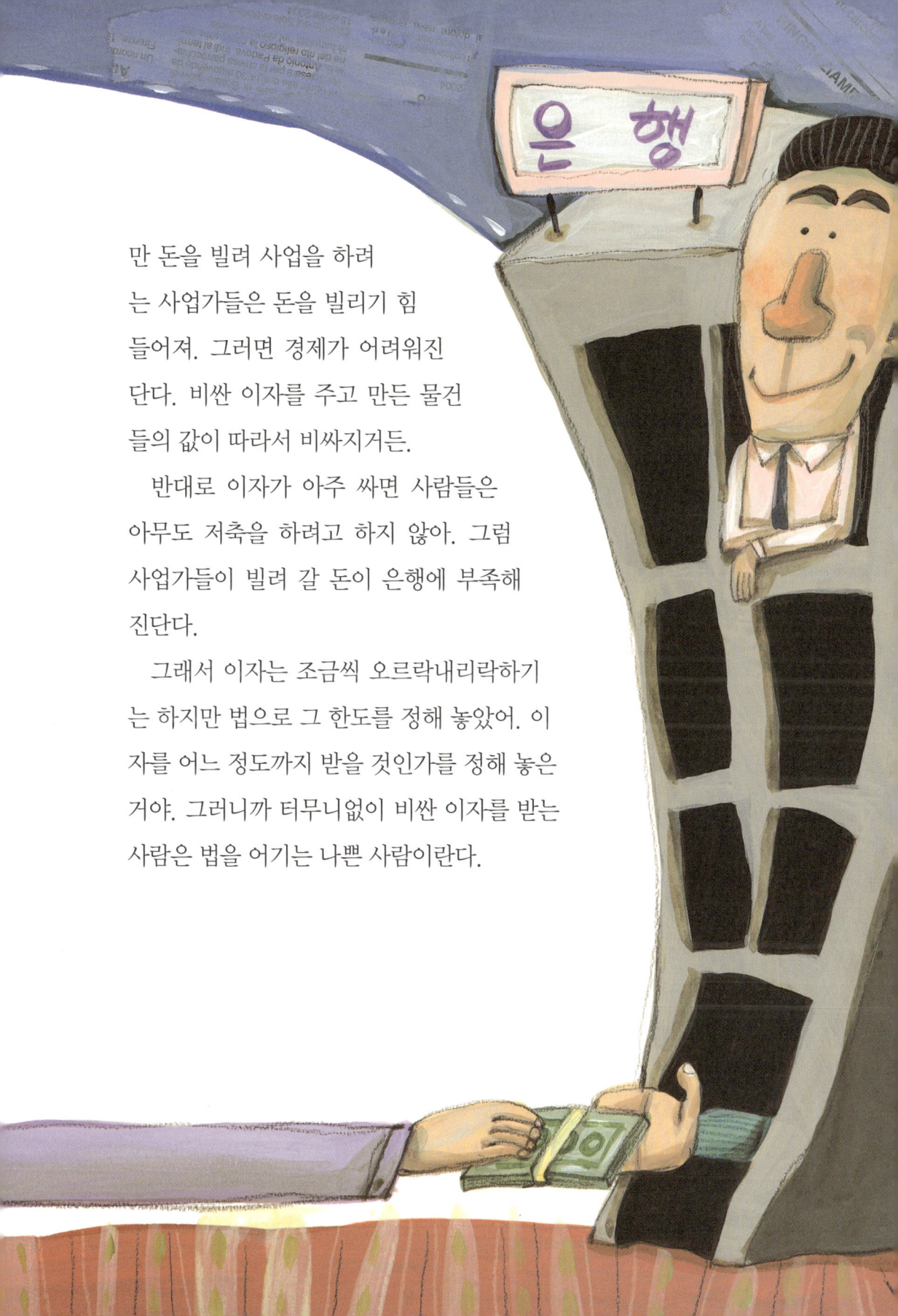

만 돈을 빌려 사업을 하려는 사업가들은 돈을 빌리기 힘들어져. 그러면 경제가 어려워진단다. 비싼 이자를 주고 만든 물건들의 값이 따라서 비싸지거든.

반대로 이자가 아주 싸면 사람들은 아무도 저축을 하려고 하지 않아. 그럼 사업가들이 빌려 갈 돈이 은행에 부족해진단다.

그래서 이자는 조금씩 오르락내리락하기는 하지만 법으로 그 한도를 정해 놓았어. 이자를 어느 정도까지 받을 것인가를 정해 놓은 거야. 그러니까 터무니없이 비싼 이자를 받는 사람은 법을 어기는 나쁜 사람이란다.

남는 거 하나도 없다는 장사꾼의 거짓말

기업과 이윤

장사꾼의 첫 번째 비밀

찬바람이 쌩쌩 부는 겨울, 바닷가 식당에는 손님이 딱 한 명밖에 없었어. 떠돌이 우산 장수였지. 우산 장수는 휑하니 비어 있는 식당에서 밥을 먹으면서 주인에게 말을 건넸어.

"아니, 이렇게 손님이 없어서야 장사가 됩니까?"
"남는 거 하나도 없어요. 밑져요, 밑져. 여름이나 되어야 사람들이 몰려오죠. 봄, 가을, 겨울에는 마지못해 문을 연답니다."
"밑지는 장사를 왜 합니까? 차라리 문을 닫아 놓는 게 낫죠. 전기 요금 내야죠, 가겟세 내야죠. 뭐 하러 문을 열어 놓아요?"
"남는 거 하나 없어도 문을 닫을 수는 없답니다. 이렇게 가끔 찾아오는 손님들이 있으니까요."
"나는 밑지는 장사는 안 합니다. 비 오는 날엔 우산을 팔고, 햇볕이 쨍쨍한 날엔 선글라스를 팔지요. 그럼 하루도 공치는 날이 없어요. 나처럼 머리를 좀 써 봐요."

그렇게 자랑을 하고는 떠돌이 우산 장수는 이를 쑤시면서 식당을 떠났어.
"바보야, 밑지는 장사를 왜 하냐? 그럼 진작에 문을 닫았지."
식당 주인은 그릇을 치우면서 중얼거렸단다.

남는 거 하나도 없다는 장사꾼의 거짓말

> **장사꾼과 기업의 목적 - 남기는 거**
>
> 장사꾼과 기업의 목적은 돈 버는 거다. 남는 거 없으면 안 한다.
> 남는 돈, 즉 장사나 사업을 하는 사람들이 벌어들이는 이윤은?
> 이윤 = 번 돈 전부 - 가게나 회사를 유지하느라 들어간 돈

 장사꾼이 남는 거 하나도 없다고 말하면 그건 거짓말이라고 보면 돼. 남는 게 없는데도 장사를 계속하는 사람은 없거든. 조금이라도 남는 게 있으니까 장사를 하는 거야. 밑지는 장사를 계속하다가는 곧 망하고 말 테니까.

 밑지는 장사를 하는 사람은 아무도 없어. 그런데 겨울의 바닷가 식당을 보면 손님은 하루에 한두 명 있을까말까 하니, 과연 남는 게 있을까 걱정이 되지. 떠돌이 우산 장수의 말대로 가겟세 내랴, 전기 요금, 수도 요금 내랴, 밑질 것만 같단 말야. 그런데도 식당이 망하지 않는 이유는 무엇일까?

 가겟세나 전기 요금 같은 것들은 늘 들어가는 돈이기 때문이야. 봄, 여름, 가을, 겨울 언제나 거의 비슷하게 들어가는 돈이지. 가게를 팔고 이사를 가지 않는 한, 가게를 열든 말든 가겟세는 내야 하잖아. 그러니 손님이 하루에 한두 명만 와도 식당 문을 열어 두는 게 낫단다. 어차피 들어갈 돈은 들어가니까.

 어찌 됐든 조금이라도 남는 게 있으니까 장사를 하는 거야.

장사꾼의 두 번째 비밀

"하하하! 드디어 바닷가에 어울리는 멋진 레스토랑이 되었군. 고치느라 돈이 1,000만 원이나 들었지만, 이제부터 훨씬 더 돈을 많이 벌 거란 말이야."

주인은 뿌듯한 얼굴로 새로 지은 바닷가 레스토랑을 바라보았어.

마침 그 곳을 지나가던 떠돌이 우산 장수가 깜짝 놀라며 다가왔어.

"장사가 안 돼 망해 간다더니, 어떻게 레스토랑을 차리셨습니까?"

"그야 빚을 내서 식당을 레스토랑으로 고쳤죠."

"쯧쯧……, 걱정입니다. 이렇게 돈만 들이붓다간 진짜 망하겠어요. 나처럼 보따리에 우산이랑 선글라스를 짊어지고 다니면 돈도 안 드는데, 뭣 때문에 장사한다고 빚을 낸답니까?"

떠돌이 우산 장수는 혀를 끌끌 차며 그 곳을 떠났어.

바닷가 레스토랑 주인은 우산 장수의 뒷모습을 보며 말했어.
"그러니 아직도 떠돌이 신세지. 규모의 경제도 모르면서 무슨 장사를 한다고."

장사꾼과 기업의 도전
크기를 키워라!

가게나 회사의 크기가 커지면 돈을 더 벌 수 있다.
가게가 세 배 커지면, 손님은 네 배 늘어난다. 들어가는 돈,
즉 가겟세나 전기 요금, 수도 요금 같은 것들은 두 배 많아진다.
손님은 네 배 늘고, 들어가는 돈은 고작 두 배 늘어나니까
남는 돈은 훨씬 더 많아진다.
이렇게 가게나 회사의 크기가 커지면, 들어가는 돈은 적고
남는 돈이 많아지는 것을 '규모의 경제'라고 한다.

"빚을 내서 가게를 늘렸지만, 금방 갚을 수 있어. 이렇게 멋진 레스토랑이 되었으니 손님이 더욱 많아질 거란 말야."

바닷가 레스토랑 주인은 싱글벙글했어.

식당이나 회사나 모두 이득을 남기기 위해서 일을 해. 빚을 내서 회사를 크게 키우는 건 그만큼 많은 이득을 남길 수 있다는 계산을 해 봤다는 얘기란다.

크기가 커지면 들어가는 돈이 적어져서 더 많은 돈을 벌 수 있다는 건 경제 법칙이야. 그래서 많은 기업들이 회사를 키우려고 하는 것이지.

앞으로 가게나 회사를 경영하는 사람이 되고 싶다면 경제 법칙들을 잘 알아두는 게 좋을 거야. 떠돌이 우산 장수처럼 아무것도 모르면서 큰소리나 치는 사람이 되지 않으려면 말이야.

외부 효과

이유도 없이 던지는 돌

어떤 마을에 깊고 멋진 호수가 하나 있었어. 그 커다란 호수에는 물고기가 아주 많았단다. 그래서 호수 가까이에 물고기를 낚는 어부들도 많이 살았어. 호수와 어부들은 한 몸과도 같았지. 호수가 어부들을 먹여 살려 주었으니까.

어느 날, 호수 옆에 낯선 공장이 하나 생겼어. 알루미늄을 만드는 공장이었단다. 공장은 참 커다랗고 튼튼해 보였어. 마을 사람들은 처음엔 그 공장을 무척 좋아했단다. 작은 시골 마을에 공장이 생기니 일자리도 많아지고, 다른 도시 사람들이 들어와 살면서 마을이 발전하게 되었거든.

그런데 얼마 지나자 어부들이 한숨을 쉬는 일이 잦아졌어.

"요즘 어째 고기가 통 보이질 않네?"

"그러게 말야. 죽은 물고기만 둥둥 떠다니니……. 큰일이야."

날이 갈수록 호수에는 물고기가 죽어 나갔어. 어부들은 뭔가 이상하다는 걸 느꼈지.

"혹시, 새로 생긴 공장 때문에 물고기가 죽는 건 아닐까?"

"공장?"

"그래, 공장이 생긴 뒤부터 고기가 줄었잖아. 공장에서 호수에 더러운 물을 흘려보내기 때문이야."

"그렇다면 큰일이지. 어서 공장에 가 보자고."

이럴 때 누구의 말이 옳다고 해야 할까? 호수가 어부들 것이 아닌 건 틀림없는 사실이니 말야. 더구나 공장이 어부들 것도 아닌데 이래라저래라할 수 있을까? 하지만 누구의 것은 아니라도 모두의 것인 호수를 오염시키는 건 아무래도 나쁜 일인 것 같지 않니?

조용하던 호숫가 마을은 시끄러워지고 싸움이 끊이질 않았어. 누군가 중간에서 해결해 주지 않으면 정말 큰 싸움이 벌어질 판이었어. 과연 이 상황에서 누가 등장해 줘야 할까?

정부, 해결사로 나서다!

"알루미늄 공장은 어부들에게 피해를 입혔으니 보상금을 주시오. 보상금을 주지 않으면 어쩔 수 없이 세금을 내게 하는 수밖에 없소."

알루미늄 공장은 자기들이 돈을 벌기 위해서 한 행동으로 어부들에게 피해를 주었어. 일부러 그런 것은 아니지만 말야. 공장 사람들이 어부들에게 무슨 나쁜 감정을 가지고 있다거나 원한이 있었던 건 아니란다. 그런데도 피해를 입히게 되었지. 이런 걸 '외부 효과'라고 한단다.

외부 효과는 흔히 환경 문제와 얽혀 있어.

종이 공장은 종이를 만드는 과정에서 공기를 오염시키는 물질을 내보낸단다. 오염 물질이 공기 속으로 널리 퍼지기 때문에 아주 많은 사람들이 피해를 입게 돼.

알루미늄 공장과 어부들은 서로 만나 싸우지만 않는다면 둘이서 해결을 할 수 있어. 보상금을 주고받으면 되지. 그런데 종이 공장의 경우는 달라. 피해를 입은 사람들이 많은 곳에 흩어져 있기 때문에 모두 모여 직접 담판을 지으러 가기가 힘들단다. 그래서 그런 공장들에는 정부가 세금을 물리는 거란다.

그런데 정부가 일일이 해결사로 나서서 모든 외부 효과들을 해결하려니까 힘이 들어서 다른 방법을 생각해 냈어.

돈을 내고 나쁜 짓 할 권리를 사는 것 같아 조금 우습기는 하지? 물론 오염 물질을 아예 안 내보내면 더 좋겠지만, 그러면 종이도 알루미늄도 만들 수가 없어. 그럴 수는 없으니까 미리 돈을 거두어 놓고 그 돈으로 환경을 깨끗하게 만드는 다른 일들을 하려는 거란다. 공장들이 일부러 환경을 오염시키려고 마음먹고 범죄를 저지르는 건 아니잖아. 그러니 벌금을 내는 것보다는 미리 돈을 내는 게 기업들도 덜 기분 나쁘지 않겠니?

늘 이처럼 나쁜 외부 효과만 있는 건 아니란다. 좋은 외부 효과도 있어.

과수원 옆에 벌을 키우는 사람이 살고 있어. 과수원의 사과꽃에서 달콤한 꿀이 나오니까 자연히 벌들이 많이 날아오겠지? 그럼 벌 키우는 사람은 저절로 이득을 보게 돼. 벌들이 알아서 꿀을 모아다 주니까 말이야.

과수원 주인은 벌 키우는 사람을 알지도 못하고 도와 주려는 마음도 없어. 그런데 저도 모르게 도와 주게 되지. 이런 경우가 바로 좋은 외부 효과란다.

서로에게 좋은 영향을 주는 좋은 외부 효과라면 아무 문제도 없겠지? 정부가 나서서 해결사 노릇을 할 필요도 없고, 세금을 거둘 필요도 없어. 아예 싸움이 일어나지 않을 테니까 말야.

이유도 없이 던지는 돌

 리틀 부자 팁 3

돈만 많다고 부자가 될 수 있을까?

돈만 많으면 부자일까?

그렇지 않다.

부모님에게 물려받아서 돈만 잔뜩 많은 부자는 하루 아침에 거지가 될 수도 있다. 돈 쓰는 법을 몰라서 정신 차리고 보면 빚더미에 올라 앉아 있을지도 모른다. 도박을 하다가 홀랑 다 날려 버릴 수도 있고, 흥청망청 쓰느라 남은 돈이 얼마인지도 모를 테니까.

진짜 부자는 돈만 많아서는 안 된다. 부자의 생각과 부자의 습관을 가지고 있어야 한다.

하고 싶은 일을 하며 돈을 넉넉히 벌고, 행복한 인생을 마음껏 누리는 진짜 부자가 되고 싶다면 부자의 생각과 습관을 갖자.

부자의 생각, 부자의 습관

- 돈만을 위해 일하지 않는다. 일을 즐기며 한다.
- 아이디어의 중요성을 알고 개발한다.
- 부지런하고 돈을 아낀다. 돈의 소중함을 안다.
- 뚜렷한 목표와 성공할 거라는 자신감을 갖는다. 긍정적으로 생각한다.
- 돈을 먹고 노는 데 써 버리지 않는다. 저축하고 투자를 한다.
- 돈을 제대로 쓸 줄 안다. 남을 돕는다.
- 돈을 관리할 줄 아는 능력이 있다. 자기 자신도 관리한다.
- 인간 관계와 신용을 중요하게 생각한다.
- 위험한 순간을 기회라고 생각하고 슬기롭게 헤쳐 나간다. 모험도 마다하지 않는다.

정부의 역할

얌체족을 잡아 내는 보이는 손

한 놀이 공원에서 어린이날을 기념해서 불꽃놀이를 하기로 했어. 불꽃놀이에는 많은 돈이 든단다. 그래서 공원에서는 불꽃놀이 표를 팔았어.

"자, 오늘 저녁에 불꽃놀이를 합니다. 불꽃놀이를 보실 분들은 표를 사세요!"

"불꽃놀이요? 어머, 저는 불꽃놀이 좋아하지 않아요. 안 볼 거예요."

"아, 저는 놀이 기구만 탈 거예요."

이상하게도 사람들은 좀처럼 불꽃놀이 표를 사려고 하지 않았어. 놀이 공원 입장권만 사서 들어갈 뿐이었어. 불꽃놀이를 싫어하는 사람은 없을 것 같은데, 이게 어찌 된 일일까?

과연 사람들은 불꽃놀이를 할 때 보기 싫어서 눈을 감고 있을까? 아닐 거야. 사람들이 불꽃놀이 표를 사지 않으려고 한 이유는 사실 딴 데 있어.

하늘 높은 곳에서 터지는 불꽃은 표를 사지 않아도 놀이 공원에 들어가기만 하면 볼 수 있잖아. 그래서 사람들은 굳이 돈을 내고 표를 사지 않고 공짜로 보고 싶었던 거야. 불꽃놀이를 싫어하는 체하면서 말야. 내 주머니에서 돈이 나오지 않아도 다른 사람이 표를 사면 덩달아 불꽃놀이를 볼 수 있으니까, 누가 대신 표를 사기만 기다리며 서로 미루는 거지.

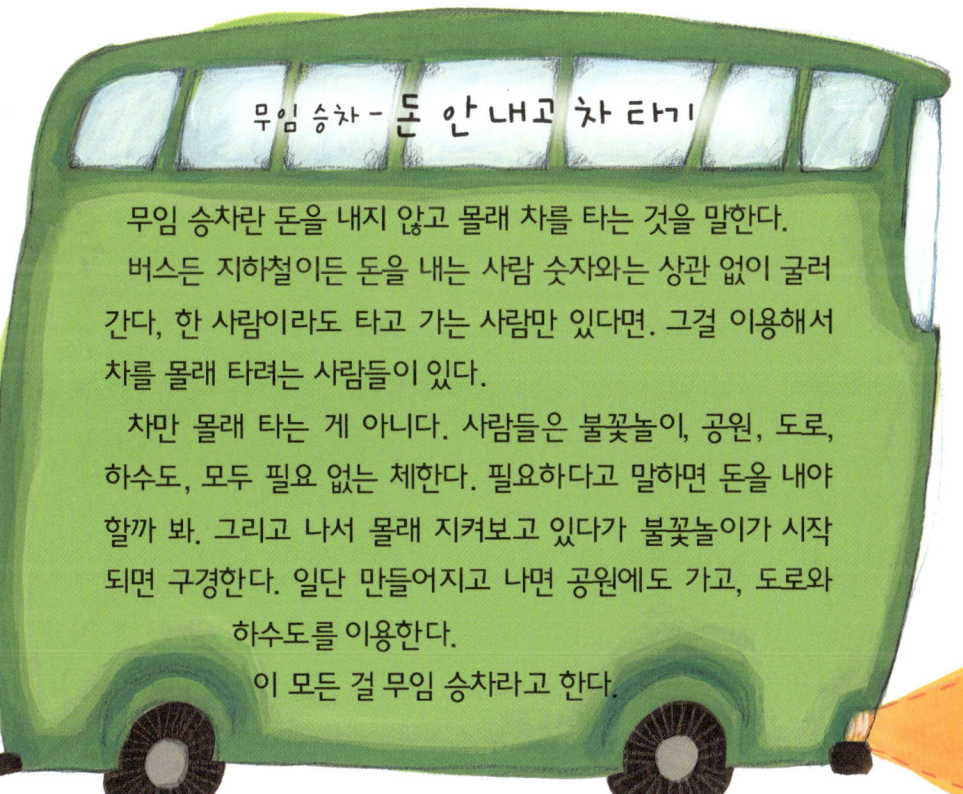

무임 승차 - 돈 안 내고 차 타기

무임 승차란 돈을 내지 않고 몰래 차를 타는 것을 말한다.

버스든 지하철이든 돈을 내는 사람 숫자와는 상관 없이 굴러 간다, 한 사람이라도 타고 가는 사람만 있다면. 그걸 이용해서 차를 몰래 타려는 사람들이 있다.

차만 몰래 타는 게 아니다. 사람들은 불꽃놀이, 공원, 도로, 하수도, 모두 필요 없는 체한다. 필요하다고 말하면 돈을 내야 할까 봐. 그리고 나서 몰래 지켜보고 있다가 불꽃놀이가 시작되면 구경한다. 일단 만들어지고 나면 공원에도 가고, 도로와 하수도를 이용한다.

이 모든 걸 무임 승차라고 한다.

무임 승차는 한 마디로 아주 얌체 같은 짓이야.

그런데 알고 보면 사람들이 이처럼 무임 승차를 하려고 하는 경우가 아주 많단다. 많은 사람들이 공동으로 이용하는 것들에는 거의 대부분 얌체족들이 있어.

나라를 지키는 일이나 도둑 잡는 치안 같은 것이 대표적이야. 누군가는 나라를 지켜 주길 바라면서도 아무도 자기가 돈을 내서 그 일을 하려고 하지는 않아. 찢어지게 가난한 사람들이나 병든 노인, 장애를 가진 사람들을 도와 주는 일도 마찬가지야. 누구도 자기 집 앞마당에서 거지가 굶어 죽는 것을 바라진 않지만 먼저 나서질 않거든. 그럴 때 등장하는 것이 바로 해결사 정부란다.

보이지 않는 손, 시장이 해결할 수 없는 일들에는 언제나 해결사 정부가 등장한단다. 그래서 경제학자들은 **정부를 '보이는 손'** 이라고 해.

정부는 정치만 하는 게 아니라 경제 활동에 있어서도 큰 역할을 한단다. 무임 승차를 하려고 하는 **공동의 일들이나, 개인이나 기업에서 하기 힘든 큰 사업들은 대개 정부가 맡아서 하지.**

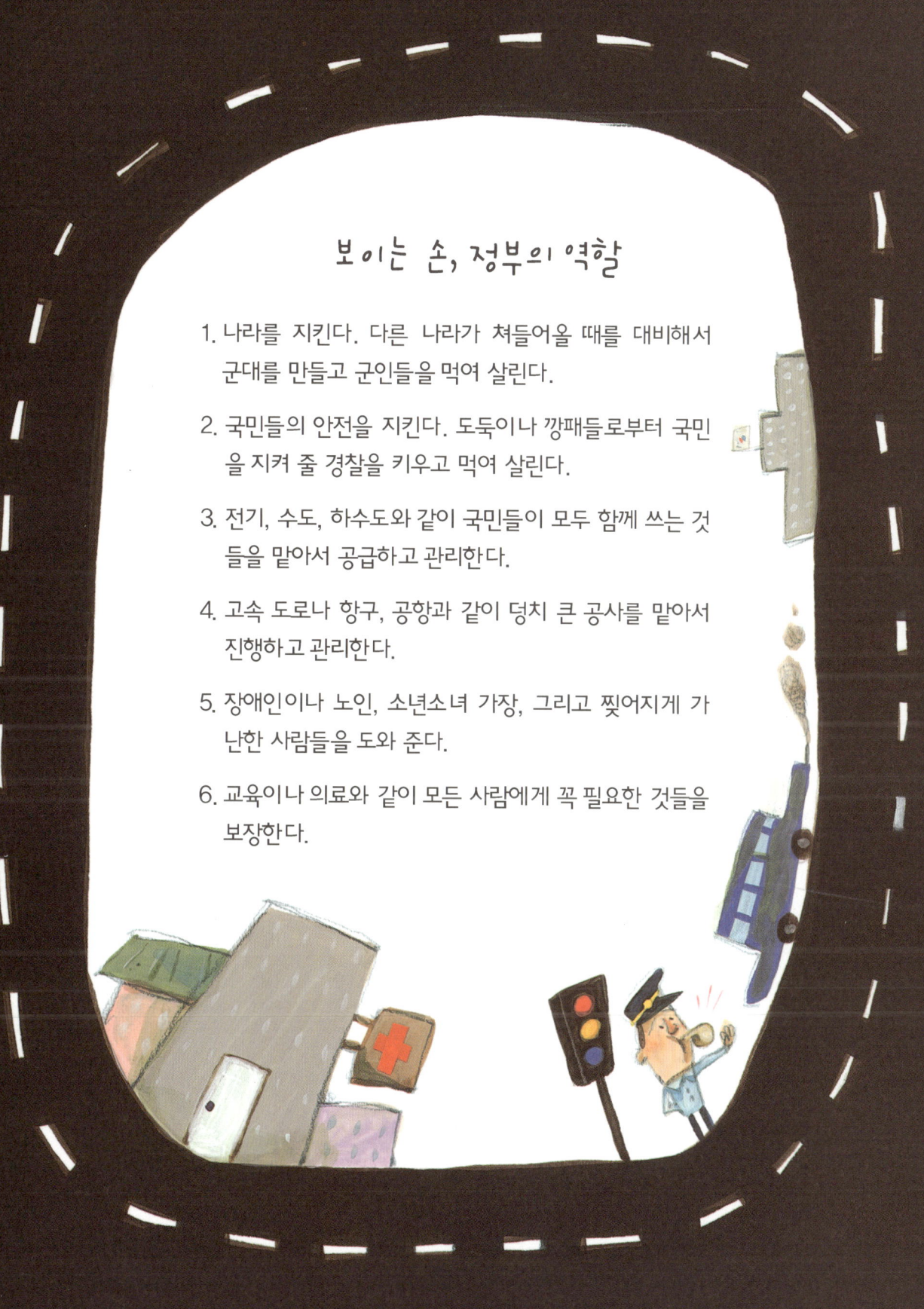

보이는 손, 정부의 역할

1. 나라를 지킨다. 다른 나라가 쳐들어올 때를 대비해서 군대를 만들고 군인들을 먹여 살린다.

2. 국민들의 안전을 지킨다. 도둑이나 깡패들로부터 국민을 지켜 줄 경찰을 키우고 먹여 살린다.

3. 전기, 수도, 하수도와 같이 국민들이 모두 함께 쓰는 것들을 맡아서 공급하고 관리한다.

4. 고속 도로나 항구, 공항과 같이 덩치 큰 공사를 맡아서 진행하고 관리한다.

5. 장애인이나 노인, 소년소녀 가장, 그리고 찢어지게 가난한 사람들을 도와 준다.

6. 교육이나 의료와 같이 모든 사람에게 꼭 필요한 것들을 보장한다.

이 밖에도 정부가 하는 일은 아주 많단다. 정부는 이 모든 일들을 국민들로부터 세금을 거두어서 한단다.

그런데 잠깐! 놀이 공원은 그 다음에 어떻게 하였을까? 사람들이 도무지 불꽃놀이 표를 사지 않자 놀이 공원에서는 생각을 바꿨어. 다음부터 아예 놀이 공원 입장료에 불꽃놀이값을 포함시키기로 한 거야. 사람들은 이제 불꽃놀이값을 내지 않으려 해도 내지 않을 수가 없었어. 심지어 자기가 불꽃놀이값을 내는 줄도 모르고 내게 되었단다.

정부도 이와 비슷한 수법을 쓰는 거란다.

"국민이면 누구나 세금을 내야 해!"

세상 어느 곳에서라도 사람은 태어나면 자동적으로 한 나라의 국민이 돼. 그리고 그 때부터 세금을 내야 하지. 아무도 피해 갈 수 없단다.

그럼 세금만 내면 정부가 모든 걸 알아서 해 주는 걸까? 얌체족을 모두 잡아 낼 수 있을까?

안타깝게도 또 하나의 비극이 남아 있단다.

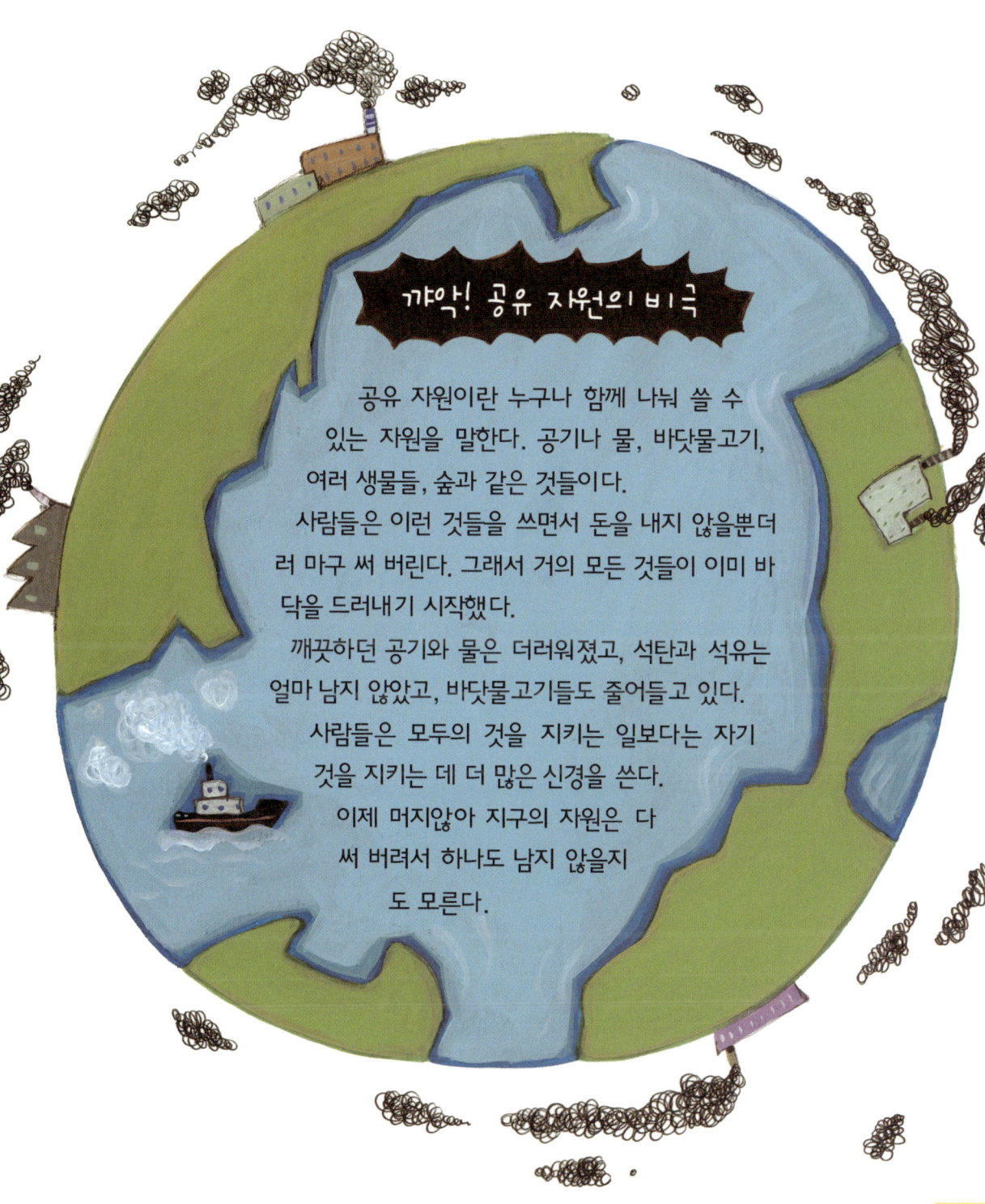

꺄악! 공유 자원의 비극

공유 자원이란 누구나 함께 나눠 쓸 수 있는 자원을 말한다. 공기나 물, 바닷물고기, 여러 생물들, 숲과 같은 것들이다.

사람들은 이런 것들을 쓰면서 돈을 내지 않을뿐더러 마구 써 버린다. 그래서 거의 모든 것들이 이미 바닥을 드러내기 시작했다.

깨끗하던 공기와 물은 더러워졌고, 석탄과 석유는 얼마 남지 않았고, 바닷물고기들도 줄어들고 있다.

사람들은 모두의 것을 지키는 일보다는 자기 것을 지키는 데 더 많은 신경을 쓴다.

이제 머지않아 지구의 자원은 다 써 버려서 하나도 남지 않을지도 모른다.

공유 자원의 비극을 막기 위해서는 정부가 높은 세금을 거두는 것만으로는 모자랄 수도 있어. 세금을 떼먹는 못된 사람들도 있으니까. 또 숨쉴 때마다 세금을 내라고 할 수도 없으니 말야. 어떻게 하면 공동의 것들을 아껴서 쓰게 할 수 있을까?

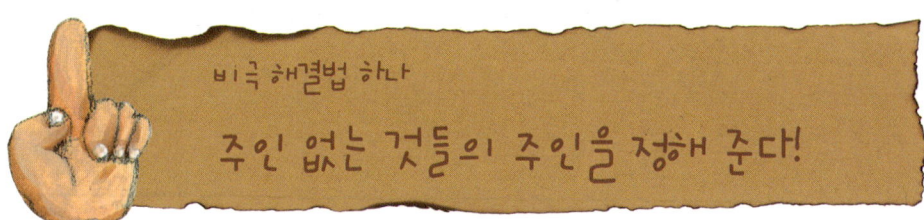

비극 해결법 하나
주인 없는 것들의 주인을 정해 준다!

코끼리 상아가 비싼 값에 팔린다는 걸 알고 코끼리를 마구 잡아 죽이는 사람들이 있어. 상아를 얻기 위해 멀쩡한 코끼리를 죽이는 거야. 그 사람들 때문에 코끼리가 다 사라질 위험에 빠졌단다.

한편 소는 사람들이 뿔만 갖다 쓰는 게 아니라, 고기부터 시작해서 꼬리, 혀, 가죽까지 안 쓰는 부분이 없어. 그렇지만 소가 멸종될 거라는 이야기는 들어 본 적이 없단다. 어째서 소는 멸종될 위험에 빠지지 않는 걸까?

코끼리와 소 사이에는 중요한 차이가 있어. 코끼리는 주인이 따로 없는 공유 자원이지만 소는 주인이 있잖니. 주인이 있는 것은 아무도 마구 써 버리지 않는단다. 자기 것을 마구 죽이는 사람은 없으니까. 코끼리도 주인이 있었다면 그렇게 마구 죽임을 당하지 않았을 거야.

공유 자원의 비극을 막으려면 이렇게 주인을 만들어 주면 돼.

하지만 이것도 쉬운 일은 아니란다. 모든 야생 동물에게 주인을 만들어 줄 수도 없고, 바다를 조각조각 나눠 주인을 정해 줄 수도 없으니 말야.

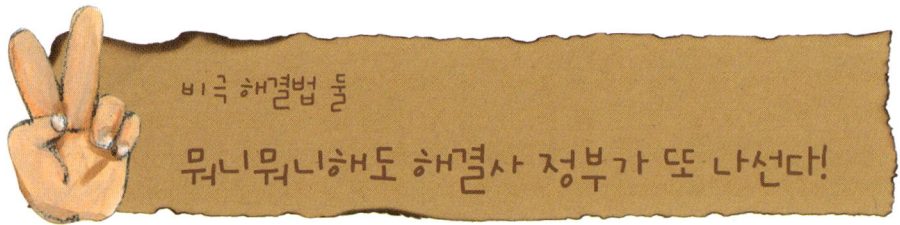

비극 해결법 둘
뭐니뭐니해도 해결사 정부가 또 나선다!

정부가 세금을 걷는 것만으로 모자란다면 더 강력한 방법들도 써야 하지.

사람들이 **공유 자원을 낭비하는지 안 하는지 감시도 하고, 또 마구 써 버리는 사람들에게 벌금도 물리는 거야.**
함부로 쓰지 못하게 정부가 땅을 묶어 둘 수도 있단다. 그린벨트처럼 말이야.

어때? 주인을 정해 주는 방법과 벌금을 물리는 방법 중에 어떤 게 더 나아 보이니?

딱 하나의 정답이 있는 것은 아니야. 경제학자들도 이 문제로 아직도 골머리를 앓고 있단다.

엉터리 세금은 곤란해

어떤 나라가 국민들을 잘 다스리는가 아닌가를 알고 싶으면 세금 문제를 보면 돼.

세금이 뭔지는 알고 있겠지? **세금은 나라 살림을 위해 국민들로부터 거두어들이는 돈**이야.

지금으로부터 200년쯤 전인 조선 시대 후기, 우리 나라는 사회가 온통 뒤숭숭했어. 다른 이유도 많았지만 세금이 말썽이었지. 국민들은 엉터리 세금에 불만을 터뜨렸어.

그 때는 군대에 가는 대신 세금을 낼 수 있게 한 법이 있었단다. 젊은 남자들은 농사일을 해야 했기 때문에 군대에 가기보다는 세금을 내려고 했어. 그런데 나라에서 세금을 많이 거두어들이기 위해 점점 나쁜 방법을 쓰기 시작했단다. 젊은 남자에게 거두어야 할 세금을 뱃속에 있는 아기에게까지 거둔 거야.

"뱃속에 있는 아기는 이 나라 국민이 아니란 말이오? 세금을 내요, 세금을!"

정말 말도 안 되는 일이지. 심지어는 죽은 사람에게까지 세금을 물리기도 했단다.

또 다른 세금이 있었어. 농사가 잘 되지 않은 흉년에 나라에서 국민들에게 곡식을 빌려 주고 이자를 받는 방법이었단다. 그런데 나라에서 빌려 준 곡식이 껍데기 따위로 채워져 있었어.

사람들은 화가 나고 억울해서 견딜 수가 없었어. 그래서 여기저기서 난을 일으키기 시작했단다.

세계 어느 나라이든 **엉터리 세금을 거둔 나라에서는 모두 국민들이 들고일어났어.** 엉터리 왕이 바뀌고 나서야 국민들의 분노가 가라앉았지.

사람들은 언제나 세금 문제라면 눈을 크게 치켜뜬단다. 가만히 앉아서 돈을 빼앗길 수는 없으니까.

"세금을 거두지 않는 나라는 없나요?"

안타깝지만 세금을 거두지 않는 나라는 거의 없단다. 세금은 꼭 필요한 거니까.

한 집안에도 돈이 없으면 먹고살 수가 없는 것처럼, 나라도 돈이 없이는 나라 살림을 꾸려 갈 수가 없어. 나라는 세금으로 여러 가지 일을 한단다. 도로나 공원 같은 공공 시설을 짓고, 경찰이나 군인들을 먹여 살리지. 국민 전체를 위한 큰일들은 나라가 아니면 아무도 돈을 내서 하려고 하지 않아. 그런 일들을 하기 위해 나라에선 세금을 거두어들이는 거야.

엉터리 세금이 아닌 이상 **세금을 내는 건 국민의 의무**란다.

요즘엔 어떻게 세금을 거두고 있을까? 물론 수염세나 창문세는 없어진 지 오래야.

세금의 종류에는 두 가지가 있단다.

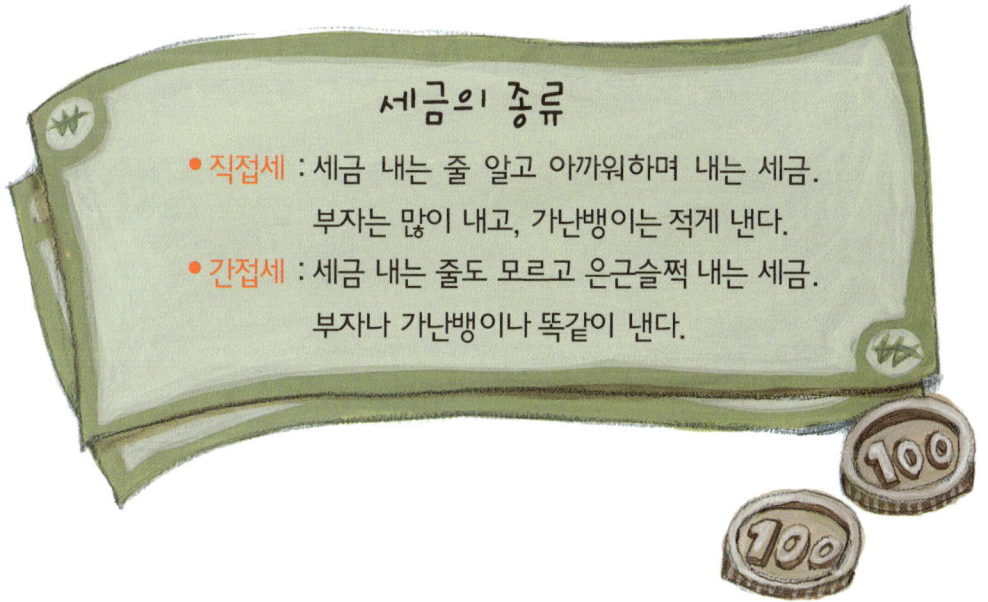

세금의 종류
- **직접세** : 세금 내는 줄 알고 아까워하며 내는 세금. 부자는 많이 내고, 가난뱅이는 적게 낸다.
- **간접세** : 세금 내는 줄도 모르고 은근슬쩍 내는 세금. 부자나 가난뱅이나 똑같이 낸다.

직접세로 대표적인 것은 소득세란다. 소득세는 사람들이 벌어들인 돈을 기준으로 내는 세금이야. 돈을 많이 버는 사람은 많이 내고, 적게 버는 사람은 적게 내도록 되어 있어. 부자와 가난뱅이의 소득 차이가 너무 벌어지는 걸 막기 위해서 그렇단다.

그런데 이 소득세에 허점이 있단다. 세상에는 여러 가지 직업이 있어. 월급쟁이라 불리는 회사원들은 일 년에 돈을 얼마나 버는지 정확하게 알 수 있지. 그리고 회사에서 월급을 줄 때 미리 세금을 떼고 주기 때문에 월급쟁이들은 도무지 세금을 떼먹을 수가 없단다. 그래서 월급쟁이들의 지갑을 유리지갑이라고 해. 속이 훤히 들여다보인다는 뜻이야.

의사나 변호사, 장사하는 사람들은 일 년에 돈을 얼마나 버는지 잘 알 수가 없단다. 또 버는 돈이 달마다 다르기 때문에 세금을 미리 뗄 수도 없어. 그래서 한꺼번에 세금을 내게 되어 있지. 그런데 가끔 못된 사람들은 세금을 적게 내려고 일 년 동안 번 돈을 줄여서 신고하기도 해. 돈을 잘 버는 사람들이 그런 짓을 한단다.

간접세는 물건값에 처음부터 매겨져 있는 세금이야. 과자를 사 먹을 때도, 공책을 살 때에도 우리는 언제나 세금을 내고 있는 거야. 어린이라서 세금을 내지 않는 줄 알았더니 그게 아니지? 어린이도 어엿한 국민이란다.

물건들 중에 세금이 아주 높게 매겨져 있는 것들이 있어. 술이나 담배처럼 먹고사는 데 꼭 필요한 물건이 아닌 것들이야. 자동차에 넣는 휘발유에도 높은 세금이 매겨져 있단다. 그 이유는 자동차가 휘발유를 태우면서 나쁜 배기 가스를 뿜어 내기 때문이지. 자동차를 타지 않는 사람도 그 나쁜 공기를 마셔야 하잖아. 그러니까 자동차를 타고 다니면서 편리함을 누리는 사람들이 높은 세금을 부담하는 거야.

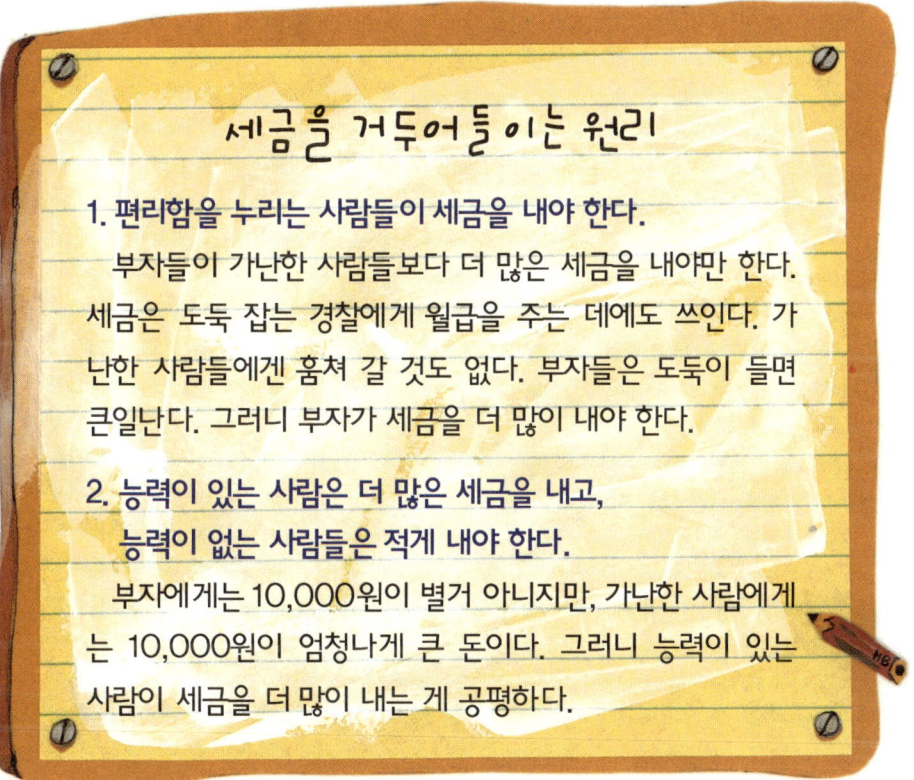

세금을 거두어들이는 원리

1. **편리함을 누리는 사람들이 세금을 내야 한다.**
   부자들이 가난한 사람들보다 더 많은 세금을 내야만 한다. 세금은 도둑 잡는 경찰에게 월급을 주는 데에도 쓰인다. 가난한 사람들에겐 훔쳐 갈 것도 없다. 부자들은 도둑이 들면 큰일난다. 그러니 부자가 세금을 더 많이 내야 한다.

2. **능력이 있는 사람은 더 많은 세금을 내고, 능력이 없는 사람들은 적게 내야 한다.**
   부자에게는 10,000원이 별거 아니지만, 가난한 사람에게는 10,000원이 엄청나게 큰 돈이다. 그러니 능력이 있는 사람이 세금을 더 많이 내는 게 공평하다.

부자가 될 거라면 세금을 많이 낼 각오를 미리 해 두는 게 좋아.

소득 분배

부자가 가난뱅이를 도와 줘야 하는 까닭은?

개미는 여름 내내 땀 흘려 일해서 창고에 먹이를 잔뜩 모아 두었단다. 옆집에 사는 베짱이는 여름 내내 노래만 부르고 놀았어. 베짱이는 땀 흘려 일하는 개미를 비웃었단다.

여름이 가고, 가을이 가고, 추운 겨울이 왔어.
개미는 따뜻한 집에서 여름에 모아 두었던 먹을 것들로 풍족하게 살 수 있었어. 베짱이는 추위에 바들바들 떨며 먹을 것을 구하러 다녀야만 했지. 하지만 겨울에 먹을 것이 있을 게 뭐야. 눈만 잔뜩 쌓여 있을 뿐이었단다. 베짱이는 어쩔 수 없이 개미에게 구걸을 하러 갔어.

모두들 잘 알고 있는 이야기일 거야.

어떻게 생각하니? 개미는 베짱이에게 먹을 것을 나누어 주어야 할까? 나누어 주지 말아야 할까?

불쌍하니까 일단 먹을 것을 나누어 줘야지. 그리고 다음 여름부터는 열심히 일하라고 하면 되지 않겠어?

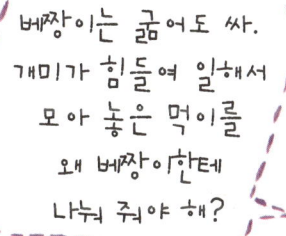

베짱이는 굶어도 싸. 개미가 힘들여 일해서 모아 놓은 먹이를 왜 베짱이한테 나눠 줘야 해?

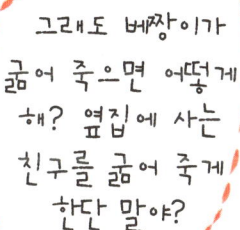

그래도 베짱이가 굶어 죽으면 어떻게 해? 옆집에 사는 친구를 굶어 죽게 한단 말야?

흥! 먹을 걸 나눠 주면 베짱이는 늘 빈둥빈둥 놀려고만 할걸? 또 개미가 먹을 것을 나누어 주겠지 하면서 말야.

부자가 가난뱅이를 도와 줘야 하는 까닭은?

개미와 베짱이가 사는 곤충 나라에서만 일어나는 일이 아니란다. 우리가 사는 사회에도 이와 같은 일이 벌어지고 있어. 어느 사회에나 가난한 사람과 부자가 있기 때문이야.

"게으른 가난뱅이를 어째서 부자가 도와 줘야만 한다는 거야? 열심히 일해서 저도 부자가 되면 될 것 아냐?"

이렇게 말할 수도 있어. 언뜻 생각하기에는 열심히 일한 사람은 돈 많은 부자가 되고, 빈둥빈둥 논 사람은 가난뱅이가 되는 것이 당연한 것 같거든.

물론 멀쩡한 사람이 일은 안 하고 팽팽 놀기만 한다면, 그 누구도 도와 주고 싶은 생각이 안 들 거야. 나라에서 그런 사람들을 도와 주자고 하면 열심히 일한 사람들이 화가 나겠지.

하지만 부모를 잃은 고아나 장애를 가진 사람, 자식이 없는 가난한 노인들은 어떻게 하겠니? **고아나 장애인이나 노인들도 모두 나라를 이루고 있는 사람들**임에 틀림없단다. **나라는 그런 사람들을 돌봐 줄 책임이 있는 것**이야. 그래서 나라에서는 세금을 거두어 어려운 사람들을 도와 준단다.

그럼 고아도 아니고 장애인도 아닌데 가난한 사람들은 베짱이처럼 게으르기 때문에 가난해진 거 아닐까? 그렇다면 도와 줄 필요가 없지 않을까? 조금 더 생각해 봐야 해. 과연 게으른 사람만이 가난해지는 건지는.

물고기 나라와 금광 나라

● **물고기 나라**

　모든 사람들이 물고기를 잡아서 먹고사는 나라.

　열심히 일한 사람들은 물고기를 많이 잡고, 게으름을 피운 사람들은 물고기를 적게 잡는다. 열심히 일한 사람들은 부자가 되고, 게으름을 피운 사람들은 가난해진다.

　물고기 나라의 부자들은 가난한 사람들을 도와 주어야 할까?

● **금광 나라**

　사람들이 모두 금광을 캐는 나라.

　사람들은 큰 산 여기저기를 떠돌며 금광을 찾아다닌다. 저마다 삽이며 곡괭이 같은 것들을 가지고 다니며 땅을 판다.

　금광이 모든 곳에 있는 것은 아니기 때문에 재수가 좋은 사람들만이 금광을 발견할 수 있다. 재수 없는 사람들은 십 년이 넘도록 흙만 파고 있을 뿐이다.

　재수가 좋아 금광을 찾아 낸 사람은 부자가 되고, 금광을 찾아 내지 못한 사람은 가난뱅이가 된다.

　부자든 가난뱅이든 모두 괭이질을 열심히 했다. 금광을 아직 못 찾은 가난한 사람들은 날마다 더 열심히 괭이질을 한다. 금광을 찾아 낸 부자는 더 이상 열심히 일을 할 필요가 없다.

　금광 나라에서도 부자가 가난한 사람들 도와 주는 것이 화가 나는 일일까?

물고기 나라는 모든 사람들에게 똑같은 조건이 주어져 있어. 하지만 금광 나라는 달라. 금광 나라에선 운이 좋으냐 나쁘냐에 따라서 부자와 가난뱅이가 결정되지. 열심히 일을 했냐 안 했냐 하는 것과는 크게 상관이 없단다.

운이 좋아서 부자가 된 금광 나라 사람들이 운 나쁜 가난한 사람들을 도와 주는 건 아주 당연하다고 생각되지 않니? 한번 금광을 발견한 사람은 더 이상 일을 하지 않아도 계속 부자로 살 수 있으니까 말야.

그렇다면 우리가 사는 세상은 물고기 나라일까, 금광 나라일까?

글쎄, 딱 어느 한 나라와 똑같다고 할 수는 없어. 그러나 조금만 생각해 보면 왜 부자가 가난한 사람을 위해 더 많은 세금을 내서 도와 줘야 하는지 알 수 있을 거야.

우리 나라에도 분명 태어날 때부터 부잣집에서 태어난 사람과 가난한 집에서 태어난 사람이 있어. 게다가 **날마다 아주 열심히 일을 하는데도 여전히 가난한 사람들도 있단다.**

그 이유는 일해서 받는 월급에서만 소득이 생기는 게 아니라 이미 가지고 있는 재산에서도 소득이 나오기 때문이야. 큰 건물이 있는 사람은 그 건물에 세들어 사는 사람들에게서 받는 세만으로도 아주 높은 소득을 얻는단다. 반대로 세들어 사는 사람들은 벌어서 집세를 내는 것만으로도 등이 휠 지경이지.

그래서 나라는 부자에게서 세금을 걷어 가난한 사람들을 도와주는 일을 하는 거란다.

실업 문제

일꾼이 왜 일을 하지 않을까?

몇 년 전, 우리 나라에 갑자기 노숙자가 부쩍 늘어서 사회적인 문제가 되었던 때가 있었어. '아이엠에프(IMF)', '외환 위기'라고 불리던 시절이었단다.

노숙자는 집 없이 떠돌며 거리에서 잠을 자는 사람을 말해. 지

하철역이나 공원 벤치에서 잠을 자는 거야. 그런데 왜 그런 사람을 흔한 말로 거지라고 하지 않고 특별히 노숙자라고 했을까?

　그 때의 노숙자는 보통 거지와는 달랐기 때문이야. 거지는 일할 생각 없이 거리에서 사람들에게 구걸을 해서 먹고살려고 하는 사람들이지. 하지만 그 때의 노숙자는 일을 하고 싶은데도 일자리가 없어 일을 하지 못하게 된 실업자가 대부분이었단다.

　그 때는 우리 나라 경제 상황이 아주 나빠져서 많은 사람들이 한꺼번에 일자리를 잃었어. 하루 아침에 실업자가 된 사람들이 거리로 쏟아져 나왔던 거란다.

사람들은 누구나 일을 해서 돈을 벌어 먹고살아야 해. 일자리가 없어서 일을 못 한다면 보통 문제가 아니란다.

당연히 모든 사람들에게 일자리가 있어야 할 것 같은데 어째서 일자리가 없을까? 세상에는 수많은 직업과 공장과 회사와 가게들이 있는데 말이지.

먼저, **경제 상황이 나빠져서 생기는 실업자**가 있어. 기업들이 장사가 잘 안 되면 회사에 들어가는 돈을 줄이려고 일꾼들을 정리한단다. 100명에서 50명으로 줄여 일을 더 많이 시키는 식이지. 경제가 좋아지지 않는 한 새로 일꾼을 뽑으려는 회사도 없어.

경제 상황이 좋을 때도 실업자가 있어. **일을 하려는 사람과 일자리가 딱딱 맞아떨어지지 않아서 생기는 실업**이야. 사람들 저마다 하고 싶은 일이 따로 있기 때문이지. 이를테면 선생님을 하고 싶어하는 사람은 100명인데 선생님 자리는 50개밖에 없어. 그럼 나머지 50명은 우선 실업자가 될 수밖에 없단다. 다른 일자리를 찾아갈 때까지는 실업 문제가 해결되지 않아. 이건 늘 있는 실업자라고 할 수 있단다.

또 나라가 너무 가난해서 어쩔 수 없이 실업자가 생기는 경우도 있어. 나라 전체를 통틀어서 회사도 몇 개 없고, 땅도 얼마 없는데 사람들만 바글바글 많다면 어떻겠니? 단지 그런 나라에 태어났다는 이유만으로 실업자가 되고 마는 거지. 그래서 세상엔 아직도 굶어 죽는 사람들이 있는 거란다.

실업
문제 해결

실업

실업
문제

일자리

어떤 이유로 해서 생겨났든 실업자는 나라의 큰 문제란다. 사람들이 일을 해야 나라도 부자가 될 수 있어. 또 사람들이 일자리를 갖고 안정된 생활을 해야 나라도 안정이 된단다. 실업자가 많으면 많을수록 사람들은 나라에 불만을 품게 되거든. 나라는 최소한 사람들이 먹고살 수 있도록 일자리는 마련해 줘야 한단다.

그런데 요즘 세상에는 어느 나라든 실업자가 없는 나라가 없단다. 모든 나라가 실업자 문제로 골머리를 앓고 있지. 자유로이 직업을 선택하고, 옮기고, 시장에서 경쟁을 해서 먹고살게 되어 있는 자본주의 사회에서 실업은 피해 갈 수 없는 위험이란다.

실업 문제를 해결하는 가장 좋은 방법은 뭘까? **실업자가 쏟아져 나오지 않게 정부가 경제를 안정시키는 것**이란다. 새로운 일자리가 자꾸 생겨나게 말이야.

실업 문제가 심각할 때 정부는 어떻게 해야 할까?

- 경제 상황이 나빠서 실업자가 쏟아져 나올 때는 나라에서 억지로라도 일자리를 만들어야 한다. 일자리를 만들기 위해 일부러 없던 일도 새로 만드는 것이다. 이런 걸 공공 고용이라고 한다.
  새로 만든 일거리들 : 도로를 청소한다. 나무를 심고 잔디밭에 풀을 뽑게 한다. 숲을 청소한다. 바다를 청소한다.

- 실업자가 새로 일자리를 구할 때까지 굶어 죽지 않을 수 있게 최소한의 생활을 보장해 줘야 한다. 실업 급여로 보통 때 받던 월급의 50%를 받을 수 있도록 해 준다.

- 다시 일자리를 찾을 수 있도록 정보를 준다. 또 새로 취직할 수 있도록 직업 교육을 받을 수 있게 해 준다. 일자리 찾는 사람과 일꾼 찾는 사람을 연결시켜 준다.

무역 이야기

로빈슨도 이득 보는 무인도 무역

로빈슨 크루소 대 나빈손, 무인도 무역!

로빈슨 크루소는 한 시간에 30개의 바나나를 딸 수 있고, 물고기 2마리를 잡을 수 있다.

이제 갓 무인도에 도착해 옆 섬에서 혼자 살고 있는 나빈손은 한 시간에 10개의 바나나를 딸 수 있고, 1마리의 물고기를 잡을 수 있다.

어느 날, 로빈슨 크루소가 뗏목을 타고 나빈손이 사는 섬으로 건너가 이런 제안을 했다.

"이봐, 나빈손! 무인도에서 혼자 사느라 고생이 많군. 그러지 말고 우리도 무역을 하는 게 어때? 나는 바나나를 따서 팔 테니, 넌 물고기를 잡아서 내게 파는 거야. 누이 좋고 매부 좋고, 도랑 치고 가재 잡는 일이지. 둘 다 이득을 보는 일이라고."

일솜씨도 느리지만 머리도 그다지 좋지 않은 나빈손은 고민을 시작했다.

'이상하다……. 로빈슨은 나보다 바나나도 빨리 따고 물고기도 빨리 잡는데, 나와 무역을 해서 좋을 게 뭐가 있다고 무역을 하자는 걸까? 혹시 무슨 꿍꿍이가 있는 게 아닐까?'

그래서 로빈슨에게 물었다.

"어째서 너한테도 좋은 일이 된다는 거야? 너는 나보다 둘 다 잘하잖아. 오히려 손해 보는 거 아냐?"

"쯧쯧……, 머리까지 나쁘다니……. 잘 생각해 봐. 각자 더 잘 하는 일을 하면 되는 거야."

"그러니까 로빈슨 네가 둘 다 나보다 잘 하잖아!"

"내가 너보다 더 잘 하는 일말고. 내가 하는 두 가지 일 중에 더 잘 하는 일 말이야. 너도 네가 하는 두 가지 일 중 더 잘 하는 일을 하면 되고."

나빈손은 그래도 머리를 갸웃거리고 있었다.

정말 자기가 더 잘 하는 일을 하면 서로에게 도움이 될까? 바나나도 잘 따고 물고기도 잘 잡는 로빈슨 크루소가 나빈손과 무역을 해서 얻는 것이 있을까? 잠깐만 계산을 해 보면 알 수 있어.

두 사람 다 똑같이 6시간을 일했다고 생각해 봐. 로빈슨은 바나나만 땄고, 나빈손은 물고기만 잡았어. 로빈슨은 바나나를 180개 땄겠지? 나빈손은 물고기 6마리를 잡았을 테고.

자, 이제 바나나 50개와 물고기 4마리를 바꾼다고 해 보자고. 로빈슨은 바나나 130개와 물고기 4마리를 갖게 되었어. 나빈손은 바나나 50개와 물고기 2마리를 갖게 되었지.

무역을 했을 때	로빈슨 크루소	나빈손
바나나	180 - 50 = 130	50
물고기	4	6 - 4 = 2

그럼 두 사람이 각자 혼자 일하고 서로 무역을 하지 않았다면 어떨지 계산해 볼까?

6시간 동안 각자 일을 했어. 네 시간은 바나나를 따고, 두 시간은 물고기를 잡았어.

로빈슨은 바나나 120개와 물고기 4마리를 잡았겠지. 나빈손은 바나나 40개와 물고기 2마리를 잡았을 테고.

무역을 안 했을 때		
	로빈슨 크루소	나빈손
바나나	120	40
물고기	4	2

어때? 정말 신기하게도 두 사람 모두에게 무역을 하는 것이 더 낫지? 각자 한 가지 일만 하면 되니까 번거롭지도 않을 테고.

"무역은 모두에게 좋은 일이다. 사람들이여, 나라들이여, 무역을 하자! 서로 바꾸자!"

이 사실은 지금으로부터 약 200년 전에 영국의 경제학자 데이비드 리카도가 밝혀 낸 거야.

물론 그 전에도 사람들은 아주 오랜 옛날부터 교환을 하고 있었어. **일을 나누어서 하고 서로 바꾸는 게 편리하다**는 걸 사람들은 이미 알고 있었던 거란다. 하지만 나라들 사이에 상품을 팔고 사거나 서로 바꾸는 무역을 시작하면서 잘사는 나라 사람들은 어쩐지 손해 보는 게 아닐까 하고 걱정을 하기 시작했어. 그런데 리카도가 그렇지 않다는 걸 멋지게 설명해 주었던 거야.

로빈슨과 나빈손의 무인도 무역에서 봤듯이, 어떤 나라가 다른 나라보다 모든 걸 잘 만든다고 해도 각자 더 잘 만드는 일을 해서 바꾸는 게 도움이 된단다. 기술이 떨어지는 나라도 여러 가지 중에서 가장 자신 있는 걸 선택해서 만들면 되는 거야. 일솜씨가 서툰 나빈손도 로빈슨에게 도움을 줄 수 있으니까.

그런데 안타깝게도 리카도의 멋진 설명에도 불구하고 나라 사이의 무역은 그렇게 간단하게 이루어지지는 않는단다. 한 나라 안에는 서로 다른 일을 하는 수많은 사람들이 살고 있기 때문이야.

나라끼리 무역을 하다 보면 어떤 사람들은 이득을 보지만 어떤 사람들은 손해를 보기도 해.

우리 나라가 중국에 핸드폰을 팔고, 마늘을 사 온다고 하자. 핸드폰 회사에 다니는 사람들은 돈을 벌겠지만 마늘 농가는 망할 수도 있어. 중국 마늘이 훨씬 더 값이 싸서 우리 나라 마늘은 팔리지 않기 때문이야. 나라 전체로 봐서는 손해가 아니지만 나라 안에 사는 어떤 사람들에게는 손해가 될 수 있으니까 문제가 되는 거란다.

그래서 아직도 무역을 할 때는 **경쟁력이 약한 물건들에 대해서는 나라에서 보호를** 하기도 해. 수입하는 물건에 세금을 붙여서 값을 올리는 거야. 그걸 **보호 무역**이라고 한단다.

"무역을 하되 국민을 고루 살리는 길, 그것이 문제로다."

나라 경제를 잘 이끌어 간다는 게 쉬운 일만은 아닌 것 같지?

하지만 그 어떤 나라도 무역을 하지 않고는 살아남을 수 없다는 것만은 틀림없단다.

 리틀 부자 팁 4

위대한 부자들이 들려주는 이야기

- **세계 호텔의 대부 콘래드 힐튼**

 "꿈이 있는 사람은 전진한다. 가장 중요한 것은 하고자 하는 열의와 자기가 잘 하는 일이 무엇인지 아는 것이다. 무엇보다 꿈이 있어야 한다."

- **스타벅스 커피의 젊은 회장 하워드 슐츠**

 "사람을 존중하는 사람만이 성공한다. 고객은 왕이다. 직원은 기계가 아니다. 사람을 존중하면 그 사람들이 열 배, 스무 배로 갚는다."

- **색깔 있는 옷을 만들어 낸 루치아노 베네통**

 "항상 모험가의 자세로 일해야 한다. 위험한 순간은 누구에게나 닥칠 수 있다. 모든 것을 잃어버릴 수도 있다. 두려워해선 안 된다. '잘 될 것이다.'라는 생각과 '잘 되게 해야지.'라는 적극적 태도가 필요하다. 어떻게 대응하는가는 순전히 자기 자유다."

- **가전 제품의 왕 잭 웰치**

"공부만이 살 길이다. 아이디어가 없는 기업은 뒤처질 수밖에 없다. 아이디어가 없는 사람은 남의 뒤꽁무니만 쫓아다니다 끝난다. 늘 공부하는 사람만이 앞서 나갈 수 있다."

- **할인 마트계를 평정한 월마트 샘 월튼**

"경쟁자에게서 배워라. 언제나 경쟁자에 대해 눈과 귀를 열고 있어야 한다. 경쟁자가 잘못하고 있는 것에서도 배울 수 있다. 틀린 것에서도 배워야 한다."

- **철강왕 카네기**

"재산을 절대 자식에게 물려주지 마라. 재산을 물려받은 사람은 나약하고 게을러진다. 사람은 자기 힘으로 하나하나 개척해 나갈 때만이 강해질 수 있다. 재산은 사회에 돌려주고 자식은 사자처럼 강하게 세상에 내보내라."

갑자기 닥친 깜깜한 목요일

판은 그리스 신화에 나오는 초원을 사랑하는 목동의 신이란다. 갈대 피리를 부는 솜씨가 아주 뛰어나 산들바람처럼 부드러운 소리를 내곤 했지. 그 피리가 나중에 팬파이프가 된 거란다.

그렇게 피리를 불며 들판을 걸어다니던 판에게는 이상한 버릇이 하나 있었단다. 기운차게 소 떼와 양 떼 사이를 누비고 다니다가 가끔 나그네를 만나면 소리를 '꽥' 지르는 거야. 또 화가 나면 울부짖기도 했는데, 그 소리가 세상을 쩌렁쩌렁 울릴 정도였어.

한 마디로 판은 두 얼굴의 사나이였단다. 갑자기 일어나는 심리적인 불안 상태를 뜻하는 영어 '패닉'은 이 판에서 생겨났어. 패닉을 우리말로 옮기면 공황이란다. 너무 놀라고 두려워서 어안이벙벙하고 겁에 질렸을 때 공황 상태에 빠졌다고 말해.

공황은 경제에도 있단다. **경제 공황은 경제가 큰 혼란에 빠지고 아주 어려워지는 것**이야. 경제 공황이 일어나면 사람들은 놀라고 두려워하고 고통스러워하게 된단다.

갑자기 닥친 깜깜한 목요일
세계 대공황

1929년 10월 24일 목요일, 갑자기 온 세상이 깜깜해졌다. 폭풍이 몰아치기 직전처럼 어둡고, 딱 멈춘 공기가 세계를 휘감았다. 날씨가 아니라 경제가 문제였다.

폭풍은 뉴욕의 주식 시장에서부터 시작되었다. 주식값이 마구 곤두박질쳤다. 많은 사람들이 증권을 던져 버렸다. 종이쪽보다 못할 만큼 주식값이 떨어졌기 때문. 그 다음에는 기업들이 하나 둘씩 문을 닫기 시작했다. 수많은 사람들이 실업자가 되어 거리로 쏟아져 나왔다. 창고에는 팔리지 않는 물건들이 가득 쌓여만 갔다.

사람들에겐 돈이 하나도 없었다. 석탄을 산더미처럼 캐 놓았지만, 사람들은 돈이 없어 석탄을 사지 못하고 추위에 떨어야만 했다.

팔리지 않는 물건들이 쌓여 있어도 사람들은 굶주리고 추위에 떨었어. 정말 이상한 일이지. 왜 그런 일이 일어나는 걸까? 물건과 석탄을 필요한 사람들에게 나누어 주면 되지 않을까?

그런데 문제는 돈이었어. 기업들은 물건을 만들고 석탄을 캐느라 많은 돈을 들였지. 들인 돈을 벌어야 했기 때문에 공짜로 물건을 나누어 줄 수는 없었어. 하지만 사람들은 실업자가 되었으니 돈이 하나도 없었단다. 그 때 일자리를 잃은 사람은 미국에서만 1,500만 명으로 인구의 $\frac{1}{3}$ 정도가 실업자가 되었다고 해. 보통 일이 아니었지.

미국 경제가 그렇게 나빠지자, 다른 나라들의 경제에도 폭풍이 몰아쳤어. 미국이 돈이 없어 수입을 하지 못하자 그 영향은 유럽과 아시아로 퍼져 나가기 시작했단다. 세계 모든 나라의 무역이 $\frac{1}{3}$로 줄어들면서 세계 경제 전체가 어려워졌어. 이 엄청난 대공황은 10년이나 계속되며 전세계를 얼어붙게 했단다.

이게 바로 경제 공황이란다. 도대체 왜 갑자기 경제가 그토록 나빠진 걸까?

퀴즈!
대공황이 일어난 이유는?

1. 기업들이 게을러져 물건을 만들기 싫어해서
2. 폭풍 때문에 돈이 다 날아가 버려서
3. 사람들이 돈을 아끼느라 물건을 사지 않아서
4. 판이 성질이 나 '꽥!' 하고 소리를 질러서

정답은 무얼까? 다음을 읽어 보시라.

1920년대에 미국은 기술이 날로 발달했단다. 새로운 기술로 자동차며 냉장고며 많은 것들을 공장에서 만들어 냈어. 공장은 바쁘게 돌아갔고 물건들은 넘쳐났어. 하지만 물건이 다 팔리지 않고 조금씩 쌓여 가기 시작했어. 제1차 세계 대전이 끝난 뒤라서 사람들은 돈을 마구 쓰기보다는 모아 두려고 했던 거야. **사람들이 돈을 쓰지 않으니 경제가 돌아가질 않았어.**

기업은 열심히 물건을 만들었다가 그게 팔리지 않자 하나 둘 망해 갔어. 공장을 돌릴 돈이 생기질 않았으니까. 기업이 망하기 시작하자 일하던 사람들은 실업자가 되어 버렸지. 실업자가 된 사람들은 더욱더 돈을 쓸 수가 없었단다. 악순환이 시작된 거야. 마치 늪에 빠진 것처럼 헤어나려고 하면 점점 더 발이 빠지는 거였어.

판의 두 얼굴 – 경제의 두 얼굴

아름다운 소리로 갈대 피리를 부는 판 : 경제가 잘 풀려 사람들이 풍족하게 잘산다.

나그네에게 겁을 주며 울부짖는 판 : 경제가 꽉 막혀 사람들이 굶주리고 고통받는다.

공황은 1929년에만 일어난 게 아니었어. 판에게 두 얼굴이 있듯이 경제에도 원래 두 얼굴이 있단다.

오랜 시간 동안 경제가 변하는 모습을 관찰해 보면 **경제에는 물결처럼 흐름이 있다는 걸 알게 된단다.** 돈이 넘쳐나고 풍족한 좋은 시절이 있는가 하면, 돈이 돌지를 않고 조금씩 어려워지기 시작하는 때가 있어. 그러다가 공황이 일어나 기업이 망하고 사람들은 굶주림에 시달리지. 얼마간 그러고 나면 다시 조금씩 좋아진단다. 봄, 여름, 가을, 겨울의 계절이 있듯이 경제에도 그런 흐름이 늘 있어 왔어.

공황이 처음 일어났을 때는 경제학자들도 모두 당황했어. 끝도 없이 망하기만 하는 게 아닐까 하고 겁에 질렸지. 하지만 이젠 경제가 좋을 때가 있으면 나쁠 때도 있다는 걸 알고 있단다.

경제가 어려울 때는 모든 사람들이 힘을 합쳐 이겨 내려고 애를 쓴단다. 정부는 돈을 풀어서 돌게 하고, 실업자들에게 일자리를 마련해 주지. 사람들은 열심히 일을 하며 버텨 나가. 최악으로 나쁠 때에도 이제 조금씩 좋아질 거라는 걸 믿고 견디어 내는 것이란다.

서로 돕는 경제 협력

혼자만 잘살려고 했다간 다 망해

죄수의 딜레마

도둑질을 했다고 의심받고 있는 두 사람이 경찰 앞에서 입을 꾹 다물고 앉아 있었다. 경찰은 정신을 바짝 차리고 눈을 부릅뜨고서 두 사람에게서 자백을 받아 내려고 했다. 두 사람이 모두 거짓말을 할지도 모르기 때문에 경찰은 곰곰이 생각한 끝에 이런 조건을 내걸었다.

"자백을 하고 증거를 제시하는 사람은 풀어 주겠어. 가만히 있는 사람은 20년형을 받을 것이다. 만일에 두 사람 모두 자백을 한다면 둘 다 5년형을 받을 것이다. 그리고 아무도 자백을 하지 않는다 해도 두 사람 모두 1년형은 받게 될 거야."

경찰은 두 사람이 짜고 거짓말을 할까 봐 두 사람을 따로따로 가두어 놓았다.

잡혀 온 두 사람은 각자 고민에 빠졌다.

"만약 저 녀석이 먼저 자백을 하면 난 20년을 감옥에서 썩어야 하는데……. 내가 먼저 자백을 하고 증거를 제시하면 난 풀려날 수 있단 말야."
"저 녀석이 먼저 다 이야기하는 거 아냐? 아니지, 의리가 있는데……. 그럴 리가 없지. 가만있자, 우리 둘 다 아무 얘기도 안 하면 그래도 1년만 감옥에서 썩으면 되는데……."
"도대체 저 녀석이 어떻게 행동할지 알 수가 있어야지."

여기서 각자 마음대로 행동을 한다면 상황은 그리 좋지 않을 거야. 둘이 함께 침묵을 지키고 있으면 1년만 감옥에 있으면 돼. 그런데 자기 혼자만 살겠다고 먼저 자백을 했다가 상대방도 덩달아 자백을 해 버리면 둘 다 5년을 감옥에 있어야 하지.

자기만 살겠다고 배신을 하면 더 나빠지는 거야. 배신하려는 유혹을 뿌리치고 두 사람이 모두 의리를 지키는 게 더 낫지. 물론 혼자 자백을 해서 풀려나는 것이 가장 좋겠지만 상대방의 행동을 알 수 없으니까 위험할 수 있어. 자칫 잘못하다가는 20년형을 받을 수도 있으니까.

혼자만 잘살려고 했다간 다 망해

이 이야기는 수학자들과 경제학자들 사이에서 아주 유명한 이야기란다. '죄수의 딜레마'라고 해. 딜레마라는 건 이러지도 저러지도 못하는 상황을 말해. 어떤 경쟁을 할 때 **자기 혼자만 살겠다고 앞장서 나가는 것이 나쁠 수도 있다**는 걸 설명하기 위해 만든 이야기야.

이 이야기를 바탕으로 '게임 이론'이라는 이론도 나왔단다. 게임 이론이라면 게임을 잘 하는 방법 같은 것이 떠오르지? 게임을 잘 하는 방법은 맞는데, 그 게임이 컴퓨터 오락 게임만을 말하는 건 아니란다. 세상의 많은 일들, 특히 경제나 군사에서 경쟁을 해야 하는 경우가 바로 게임 이론의 게임이야.

많은 사람들이 참여하는 게임에서는 나만 잘 한다고 이기는 게 아니란다. 다른 사람이 어떻게 행동하는가에 따라 이기고 지는 게 달라지게 되지. 그런 경우에 쓰이는 게 바로 이 게임 이론이란다. 어떤 방법을 선택하는 것이 가장 좋을까 하고 수학자들과 경제학자들이 연구해 놓은 것이야.

죄수의 딜레마에서 봤듯이 때론 자기만 살겠다고 나서는 것보다는 다른 사람의 행동을 살펴서 함께 사는 길을 택하는 것이 더 좋을 때가 있어.

물론 자기만 살겠다고 죽자 사자 덤비는 게 좋은 게임도 없는 건 아니란다.

첫 번째 게임
죽자 사자 덤벼라! 제로섬 게임!

백화점에서 반짝 세일을 한다. 멋진 청바지를 1,000원에 파는데, 딱 한 벌밖에 없다.

친구 두 사람이 동시에 그걸 발견!

두 사람은 서로 1,000원짜리 청바지를 사려고 마구 달리기 시작. 죽자 사자 덤빈다!

달리기에 이긴 사람은 청바지를 얻게 되고, 진 사람은 국물도 없다. 청바지를 반으로 잘라 나누어서 입을 수는 없으니까.

한 사람밖에는 이길 수가 없는 게임, 이것이 바로 제로섬 게임이다.

이긴 사람은 즐겁지만, 진 사람은 가슴이 쓰리다.

제로섬 게임에서는 자기가 이길 수 있는 최선의 방법을 선택해 죽자 사자 덤비는 수밖에 없어. 이러지도 저러지도 못하는 딜레마 같은 것은 없지. 그저 청바지를 향해 달리면 되는 거야. 사람들은 모든 경쟁이 이럴 거라고 생각했단다.

하지만 세상에는 이런 제로섬 게임만 있는 것은 아니란다. 서로 힘을 합하거나 타협을 하면 더 나은 결과를 얻을 수 있는 게임도 있어. 너도 이기고 나도 이긴다는 뜻의 윈윈 게임이 그래.

두 번째 게임

누이 좋고 매부 좋고! 윈윈 게임!

'펑펑' 회사와 '뚫어' 회사. 두 회사는 모두 석유를 뽑아 내는 회사다.

석유는 아무 곳에서나 나는 게 아니기 때문에 두 회사는 친하지 않아도 어쩔 수 없이 가까운 데 있을 수밖에 없다.

석유를 뽑아 내는 두 회사의 유전은 땅 밑으로는 연결되어 있다.

펑펑 회사와 뚫어 회사는 서로 경쟁 중!

그런데 석유 뽑아 내는 구멍을 하나 파는 데 1억 원이라는 큰돈이 든다. 구멍을 여기저기 마구 팔 수는 없다.

만약 구멍을 두 개 판다면 그만큼 많은 양의 석유를 뽑아 낼 수 있겠지만 석유의 양은 정해져 있다. 구멍이 많다고 한없이 석유를 얻을 수 있는 건 아니다.

펑펑 회사와 뚫어 회사 모두 욕심을 내서 2개씩의 구멍을 판다면 두 회사 모두 망한다.

왜냐? 구멍 파는 데만도 2억 원이 드니까. 석유 뽑아 봤자 구멍 파는 데 든 돈도 안 나온다.

펑펑 회사와 뚫어 회사, 구멍을 1개씩만 파기로 대타협!

이것이 바로 윈윈 게임.

　아무리 경쟁 관계라 해도 나만 잘살겠다고 나서면 같이 망하고 마는 거야. 펑펑 회사가 구멍 2개를 파는데 뚫어 회사라고 가만 있을 수는 없잖아. 두 회사 모두 구멍을 2개 파다 보면 나오는 석유는 똑같은데 괜히 2억 원이나 쓰는 바람에 모두 망하게 되는 거야.

　특히 석유나 물과 같이 양이 정해져 있는 **환경 자원의 경우에는 모든 사람이 힘을 합해야만** 한단다. 저만 살겠다고 자원을 마구 낭비했다가는 모두 망해 버리고 말아.

다 때려부순 다음에 경제를 살리자고?

한 남자가 길을 가다 갑자기 가까이 있던 빵 가게 유리창에 벽돌을 집어던졌어. 친구와 싸우고 오는 길에 화가 안 풀려서 그랬단다.

빵 가게 주인이 놀라서 달려나왔어. 지나가던 사람들도 깜짝 놀랐지. 사람들은 가던 길을 멈추고 서서 웅성거렸단다.

"아니, 이게 웬일이야?"

"애꿎은 유리창을 왜 깨뜨린 거야?"

곧 경찰이 달려왔어. 벽돌을 던진 남자는 그 자리에서 붙잡혔단다.

"빵 가게 유리창을 깨뜨린 죄로 당신을 체포하겠소."

그 때, 콧수염을 기른 한 경제학자가 나타났어.

"잠깐! 이 사람은 잘못한 게 없습니다. 우리 경제에 도움을 주는 행동을 했을 뿐입니다."

모인 사람들은 모두 어이가 없어 콧수염 경제학자를 쳐다보았 단다. 유리창을 깨뜨린 게 경제에 도움을 주는 일이라니, 이건 무 슨 뚱딴지 같은 소리일까?

콧수염 경제학자의 주장

잘 들어 보십시오.

유리창이 깨졌으니 유리를 갈아 끼워야겠지요? 유리를 만 들어 파는 사람들은 돈을 벌게 되었습니다. 그 돈은 또 다른 사람에게 흘러갈 것입니다. 유리 가게 사람들이 점심으로 탕 수육을 사 먹는다고 합시다. 그럼 중국 음식점도 돈을 벌게 되 지요? 또 중국 음식점 주인도 돈을 벌었으니 다른 데 돈을 쓸 것입니다.

이런 식으로 깨진 유리창 한 장 때문에 여러 사람이 돈을 벌 게 되는 겁니다. 그러니 이 청년은 우리 경제 에 도움이 되는 훌륭한 일을 한 거지요. 감 옥에 보내기는커녕 상을 줘도 모자랄 지 경입니다.

콧수염 경제학자의 말을 듣고 사람들은 고개를 갸우뚱거렸단다. 알 듯 모를 듯하면서도 참 이상한 이야기였어. 아무리 생각해도 유리창 깨뜨린 것이 상 줄 일은 아닌데, 경제학자의 설명은 그럴 듯했거든.

그 때, 빵 가게 주인이 콧수염 경제학자에게 호통을 쳤어.

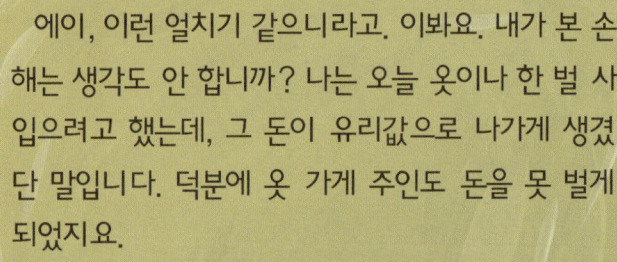

빵 가게 주인의 주장

에이, 이런 얼치기 같으니라고. 이봐요. 내가 본 손해는 생각도 안 합니까? 나는 오늘 옷이나 한 벌 사 입으려고 했는데, 그 돈이 유리값으로 나가게 생겼단 말입니다. 덕분에 옷 가게 주인도 돈을 못 벌게 되었지요.

어디, 당신처럼 얘기해 볼까요? 옷 가게 주인은 돈을 못 벌어서 점심을 굶었소. 식당 주인도 손해를 봤지요? 식당 주인은 돈을 벌면 꽃을 사려고 했는데 다 틀렸으니, 꽃 가게 주인도 돈을 못 벌게 되었소. 무슨 경제에 도움이 된단 말이오? 안 그렇소?

그제야 사람들은 고개를 끄덕거렸어. 속 시원하게 이해가 되었거든.

깨진 유리창 때문에 누군가는 돈을 벌게 되었을지 몰라도 다른 누군가는 돈을 못 벌었어. 결국 아까운 유리 한 장만 날린 셈이야. **깨진 유리창이 경제에 도움을 주는 건 아니란다.**

이 이야기는 바스티아라는 프랑스 경제학자가 만든 거란다. 바스티아 주변에도 콧수염 경제학자 같은 사람들이 있었던 거야.

"한 사람 입장에서 볼 때는 안 좋은 일이라도 사회 전체에는 좋은 일이 되는 경우가 있다. 예를 들어 범죄도 때론 경제를 발전시키는 데 도움이 된다."

이렇게 말하는 사람들이 있었어. 바스티아는 그 사람들에게 벽돌 청년과 콧수염 경제학자 이야기를 해 주어 잘못을 짚어 주고 싶었던 것이었단다.

"어리석은 경제학자는 눈에 보이는 대로만 생각하는 법이지. 언뜻 보기에 경제에 도움이 될 것 같은 일들도 곰곰이 따져 보면 그렇지 않은 경우가 많다. **눈에 보이는 것 뒤에 숨어 있는 면들까지 볼 줄 알아야** 제대로 된 경제학자라 할 수 있다."

바스티아는 이렇게 말했단다.

아무리 봐도 콧수염 경제학자가 정말 어리석어 보이지 않니? 그런데 요즘에도 콧수염 경제학자 같은 주장을 하는 사람들이 있단다. 그 대표적인 예가 뭔지 아니? 바로 전쟁이 경제에 도움을 준다는 이야기야.

또 다른 콧수염 경제학자들

제2차 세계 대전 덕분에 미국이 지금처럼 잘사는 나라가 되었지. 군수품 팔아서 돈을 얼마나 많이 벌었는데. 또 좋은 무기 개발하느라 기술은 또 얼마나 발달한 줄 알아?

어디 그뿐인가? 베트남 전, 이라크 전을 치르면서 쏟아부은 무기가 얼마나 많은데…. 전쟁은 경제에 도움이 되는 게 틀림없어.

전쟁이 끝나고 나면 언제나 세계 경제가 부쩍 좋아진다니까.

 큰 전쟁이 끝나고 나면 이득 보는 나라들이 있었던 건 틀림없어. 또 전쟁이 끝나고 나면 진짜로 경제가 좋아지는 것처럼 보일 때가 있단다. 한 대 값만 해도 엄청난 미사일을 만들어 팔았던 누군가는 돈을 번 게 틀림없으니까.

그럼 **경제를 살리기 위해서는 전쟁이라도 일으켜야 하는 걸까?** 하지만 잘 생각해 봐. 깨진 유리창 덕분에 돈을 번 사람이 있는가 하면 돈을 못 벌게 된 사람도 있었지. 그와 마찬가지란다. 전쟁으로 집이 무너지고, 도시가 파괴되고, 사람들이 죽고 다쳤어. 집을 짓고 도로를 고치느라 돈을 버는 기업이나 나라도 있겠지만, 집과 가족을 잃은 사람들은 어마어마한 손해를 보게 되는 거야.

또, 만약 전쟁이 나지 않았다면 그만큼의 돈을 예술을 발전시키거나 우주 여행을 준비하는 데 쓸 수도 있었을 거야.

그러니 정말 어리석은 일 아니겠니?

제2차 세계 대전이 끝나고 미국이 세계적인 경제 대국으로 큰 것은 틀림없는 사실이지만 그게 모두 전쟁 덕분만은 아니란다. 전쟁이 일어나기 전에 세계 경제는 너무나도 나빴어. 그랬다가 전쟁이 끝나고 나자 조금씩 좋아지기 시작했어. 그런 큰 경제 흐름들은 늘 있어 왔단다. 또, 전쟁 때는 정부가 여러 가지 활동을 모두 직접 챙겨서 하기 때문에 힘을 합해 빠르게 경제를 키울 수도 있단다.

혹시 전쟁이 경제에 도움을 준다 해도 **전쟁을 해서 경제를 살린다는 것은 말도 안 되는 일**이란다. 사람을 죽고 다치게 하면서까지 경제를 살릴 필요는 없을 테니까.

돈도 땅도
금덩이도 아닌 재산

옛날 도둑들은 아주 편했을 거야. 남의 집에 몰래 들어가 물건만 들고 나오면 됐으니까. 그런데 요즘 도둑은 좀 골치가 아프단다. 경비가 너무 철저해서냐고? 그게 아냐. 덜렁 들고 나오면 되는 물건이 아니라 눈에 보이지도 않고 만져지지도 않는 재산을 훔치려고 하기 때문이란다.

눈에 보이지도 않고 만져지지도 않는 재산, 돈도 땅도 금덩이도 아닌 재산. 그게 뭘까? 바로 지식을 말하는 거야. **머릿속에 들어 있는 생각에서 나온 재산을 '지적 재산'** 이라고 해.

지적 재산

글이나 그림과 같은 예술 작품, 디자인이나 기술, 컴퓨터 프로그램처럼 사람이 정신적 활동으로 만들어 낸 재산을 말한다. 지식 정보 재산이라고도 한다.

지적 재산을 가진 부자는 땅이나 돈이나 금덩이를 쌓아 놓고 있는 부자보다 맘 편하다.

지적 재산은 오래 쓸 수 있고, 들고 다니기도 간편하다. 머리만 잘 달고 다니면 된다. 햇볕이 너무 따가우면 모자만 쓰고 다니면 된다. 너무 열받아서 뚜껑이 열리지 않게만 하면 된다.

방학 숙제를 해야 하는데 방학 내내 실컷 놀기만 해서 발등에 불이 떨어져 본 적 있니? 그럴 때면 급한 마음에 자기 힘으로 숙제를 하지 않고 남의 것을 베끼고 싶은 마음이 굴뚝 같을 거야. 하지만 그건 도둑질이란다.

지식이든 생각이든 머릿속에 있을 때는 제아무리 뛰어난 도둑도 훔쳐 갈 수가 없어. 문제는 그것이 머릿속에서 밖으로 나왔을 때란다. 예를 들어, 음악이나 글, 아이디어, 컴퓨터 프로그램 같은 것들이 작품으로 만들어지면 그걸 몰래 가져다 쓰는 도둑들이 생겨나게 마련이지.

"음반 불법 복제!", "글 표절!", "음악 표절!"

이런 말들을 들어 본 적이 있을 거야. 남의 것을 슬쩍 가져다 베껴 팔거나 자기가 만든 것처럼 하는 일들이지. 이게 바로 지적 재산을 훔치는 일이야.

우리가 살아가고 있는 **21세기는 지식과 정보가 아주 중요한 재산인 사회**야. 지적 재산이라는 말이 생긴 것도 그리 오래된 일이 아니란다.

농사를 주로 짓고 살던 농경 사회나 공장에서 물건을 만들어 내어 팔고 살던 산업 사회에서는 땅이나 공장, 회사 등이 중요한 재산이었어. 그 때의 부자들은 그런 재산을 가지고 있는 사람들이었지. 하지만 지금은 지식과 정보가 중요한 재산이 되는 지식 정보 사회란다. 부자도 이젠 돈만 많다고 되는 게 아니지. 신선하고 새로운 생각이나 많은 정보를 알고 있어야만 부자가 될 수 있단다. 컴퓨터 한 대만 있어도 많은 것을 만들어 낼 수 있고 사장 노릇도 할 수가 있거든.

지식과 정보가 이렇게 중요해지자 지적 재산을 지키는 것도 중요해졌어. 그래서 나라들마다 법으로 지적 재산에 대한 권리를 정해 놓았어. 새로 생긴 재산에 대해 새로 법이 생긴 거지. 그래서 이젠 남의 생각을 몰래 베끼는 사람은 법에 의해 처벌을 받게 되었단다.

돈도 땅도 금덩이도 아닌 재산

지적 재산권

뱀돌이가 쓴 글은 뱀돌이 것이다. 용가리가 만든 음악은 용가리 것이다.

뱀돌이 글과 용가리 음악을 허락도 받지 않고 함부로 가져다 쓰면 안 된다.

몰래 가져가는 사람은 도둑이다. 법에 그렇게 나와 있다.

허락도 받지 않고 가져다 쓰는 것이 문제인데, 그게 아주 쉽게 일어나고 있어. 그 이유는 인터넷이 있기 때문이란다. 인터넷은 누구나 접속할 수가 있고 누구나 볼 수 있어. 그리고 그냥 가져가도 아무도 모른단다. 또 무엇보다 인터넷은 누구나 함께 지식과 정보를 나눠 갖자고 만들어진 것이기 때문에 정보가 마구 널려 있단다.

'소리바다' 사건을 알고 있니? 소리바다는 인터넷에서 음악을 내려 받아 들을 수 있게 해 주는 사이트야. 공짜로 음악을 들을 수 있으니까 사람들은 너도나도 거기서 음악을 내려 받았어. 덕분에 음반이 팔리지 않자 음반 회사들이 소리바다 회사를 소송 걸었단다.

이 소송에 많은 사람들의 관심이 쏠렸어. 왜냐 하면 그걸 도둑질이라고 생각하는 사람과 도둑질이 아니라고 생각하는 사람들이

편을 갈라 싸웠기 때문이란다. 결국에는 법정에서 도둑질이라고 판명이 났지만, 이 문제는 아직도 결론이 나지 않고 논란거리가 되고 있단다.

도둑질이 아니라고 생각하는 사람들

인터넷은 원래 모든 지식과 정보를 나누어 갖자고 만들어진 것이다. 그런 인터넷에서 음악을 함께 들었다고 도둑질이라니, 말도 안 된다!

지적 재산은 얼마든지 나누어 가질 수 있다. 또 정보라는 건 사람들이 많이 알면 알수록 가치가 높아진다. 음악을 내가 듣는다고 다른 사람은 못 듣게 하는 것이 얼마나 우스운가?

인터넷에 올려진 자료나 컴퓨터 소프트웨어는 나누어 가져야 한다. 남이 못 가져가게 막느라 돈이 더 많이 든다. 차라리 그 돈을 처음 아이디어를 만든 사람에게 주는 게 낫다.

복잡한 경제학

복잡한 세상, 복잡한 경제학

> 주식이란 게 아마도 지구별에 생긴 새로운 생명체인 모양이지? 음, 아주 펄쩍펄쩍 살아 뛰는데? 높이뛰기를 잘 하는 생명체인가?

경제의 흐름을 알려면 주식 시장을 잘 살펴보면 돼. 주식값이 오르는지 내리는지를 보면 경제뿐만 아니라 그 나라의 정치 상황까지도 알 수 있단다. 사람들이 살기 편한지, 아닌지도 주식 시장을 보면 조금은 알 수 있어.

그런데 그 주식값이란 게 얼마나 자주 올라갔다 내려갔다 하는지, 화성인이 보면 생명체라고 여길 정도야.

경제학자들이 이야기하기를 시장에는 '보이지 않는 손'이 있어서 물건값을 조절해 준다고 했는데 어째 주식 시장이란 데만 가면 이상해. 보이지 않는 손이 술이라도 한잔 거나하게 마셨는지 정신없이 오르락내리락한단 말야. 때론 공황이 일어날 정도로 곤두박질치기도 하거든.

그래서 경제학자들은 고민을 하기 시작했어.

"**왜 이렇게 주식 시장은 복잡하게 돌아가는 걸까?** 가만히 있지 못하고 메뚜기처럼 펄쩍펄쩍 뛰는 이유는 뭘까? 이러다가 우리가 알아 낸 경제 법칙들이 몽땅 거짓말이라고 사람들이 들고일어나면 어쩌지?"

이 때, 과학자들이 다가왔어.

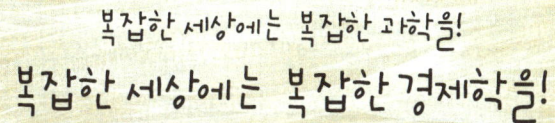

새로 나온 복잡한 과학을 공부해 보시죠. 세상은 옛날 사람들이 생각했던 것처럼 간단하지만은 않답니다. 복잡한 세상에는 복잡한 과학이 필요합니다. 여러분도 이젠 복잡한 경제학을 알아 둘 때가 된 것 같은데요?

복잡한 과학이란 도대체 뭘까? 또, 복잡한 경제학이란 뭘까? 너무 복잡해서 다 알 수는 없지만 한 가지만 얘기해 줄게.

복잡한 과학을 공부한 과학자들이 알아 낸 사실이 하나 있어. '시작할 때의 아주 작은 차이가 시간이 흐르면서 엄청나게 커다란 차이를 만들어 낸다.'는 사실이야.

옛날 과학자들은 실험을 할 때 사소한 차이쯤은 무시했거든. 그런데 복잡한 과학자들이 실험을 해 보니, 처음에 무시했던 작은 차이가 나중에 엄청난 결과를 불러 온다는 걸 알게 됐어.

그런데 그 과학자들이 가만히 보니 주식 시장이 그랬어. 사소한 정보 하나가 주식 시장을 널뛰게 하고 있었거든.

주식 시장의 복잡한 과학?

흠, 뭐라고? 기름 대신 물로 달리는 자동차가 만들어졌다고? 미국에서는 벌써 잘 팔린다고? 음, 그럼 나도 물자동차를….

자동차 회사 주식

주변에 있던 사람들이 그 말을 듣고 너도나도 몰려가 자동차 회사 주식을 산다.

자동차 회사 주식값이 하늘 높은 줄 모르고 치솟는다. 다른 주식값은 땅으로 떨어진다.

실제로 이와 비슷한 일이 일어난단다. 소문만 믿고 주식값이 오르내리기도 하는 거야.

주식만 그런 게 아니었어. 처음의 작은 차이가 나중에 엄청난 결과를 불러 오는 일들이 하나 둘씩 나타나기 시작했단다. 주로 컴퓨터나 인터넷 사업에서 그런 일들이 많았어.

컴퓨터 소프트웨어를 만드는 두 회사가 있어. 룰루 회사가 만든 한글 프로그램과 랄라 회사가 만든 한글 프로그램은 큰 차이는 없었어. 단지 룰루 한글 프로그램이 조금 더 쓰기 편했어. 아주 조금 더 나았단다.

처음엔 룰루 한글을 쓰는 사람과 랄라 한글을 쓰는 사람들이 섞여 있었어. 그러다가 시간이 흐를수록 룰루 한글을 쓰는 사람이 늘어났어. 나중엔 거의 모든 사람들이 룰루 한글만을 쓰게 되었어. 룰루 회사는 떼돈을 벌었고, 랄라 회사는 망해 버렸단다. 룰루 한글이 아주 조금밖에 더 낫지 않았는데 말이지.

왜 그럴까?

만약에 룰루 회사와 랄라 회사에서 파는 게 컴퓨터 프로그램이 아니라 사탕이었다면 이런 일은 결코 없었을 거야. 왜냐 하면 사탕은 한 가지 종류만 먹다 보면 질리니까 룰루 사탕을 먹던 사람도 랄라 사탕을 찾게 되지. 또 초콜릿을 사 먹는 사람도 생긴단다.

하지만 컴퓨터 프로그램이라면 얘기가 달라. 컴퓨터 프로그램

은 많이 쓴다고 질리지 않아. 그뿐 아니라 이걸 쓰다가 다른 걸로 바꾸려면 새로이 쓰는 법을 익혀야 하기 때문에 귀찮기만 하지. 그래서 사람들이 한번 쓰던 걸 쉽사리 바꾸지 않게 된단다.

또 많은 사람들이 같은 프로그램을 쓰는 게 서로 편해. 나는 룰루 한글을 쓰는데 친구는 랄라 한글을 쓰면 편지를 보내도 친구가 읽지 못하는 일이 벌어지거든. 그래서 컴퓨터 프로그램은 남들이 많이 쓰는 걸 나도 쓰게 되는 거야.

결국 복잡한 과학자의 말대로 되었단다. **먼저 시작해서 바람을 일으킨 회사, 조금 더 나은 걸 만든 회사가 나중에는 엄청나게 돈을 많이 벌게 된 거야.** 기술이 많이 들어가는 물건을 파는 사업에서 이런 일들이 속속 벌어졌어.

복잡한 경제학자의 한 말씀!

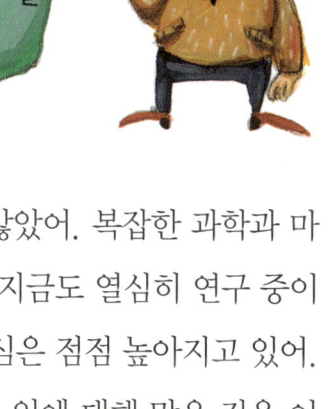

돈을 많이 벌고 싶다면 남보다 먼저 시작해라! 그리고 처음엔 돈이 좀 많이 들더라도 기술을 좋게 만들어야 한다. 남보다 조금이라도 더 나은 걸 만들어야 한다. 그러면 나중에는 엄청난 돈을 벌게 되리라.

복잡한 경제학은 아직 널리 알려지진 않았어. 복잡한 과학과 마찬가지로 생긴 지 얼마 안 되었기 때문에 지금도 열심히 연구 중이란다. 그렇지만 복잡한 경제학에 대한 관심은 점점 높아지고 있어. 주식 시장의 움직임이나 회사를 경영하는 일에 대해 많은 것을 이야기해 주고 있기 때문이지.

정보와 기술이 재산이 되는 새로운 사회에서는 옛날과는 다른 새로운 경제학이 나오는 게 당연하단다. 복잡한 경제학자의 말을 귀담아들어 두는 게 좋을 거야.

리틀 부자 팁 5

리틀 부자를 기다리는 미래의 경제

20년 뒤의 사회는 어떤 모습일까? 20년 뒤의 경제는 어떻게 변할까? 미래는 아무도 모르는 것이지만 상상해 볼 수는 있다.

가장 중요한 것 한 가지! 미래는 지식 정보 사회이다.

미래에는 지식과 정보를 가진 사람만이 부자가 될 수 있다.

옛날에는 농사를 지어 먹을 것을 만들어 내는 일이 주된 사회였다. 그 다음에는 공장에서 물건을 만들어 내는 일이 주된 세상이었다. 그 때는 땅이나 공장을 가진 사람이 부자였다.

하지만 앞으로는 지식과 정보를 가진 사람이 부자가 될 것이다. 돈은 지식과 정보를 따라다닌다. 아이디어가 있는 사람만이 세상을 가질 수 있다.

미래를 내다보는 전문가, 피터 드러커가 말했다.

"지식이 전부다!"

또한 **21세기는 인터넷 사회이다.** 나라의 경계는 흐릿해지고 세계를 넘나드는 일들이 많이 일어나는 세상이다. 인터넷을 잘 활용하는 사람이 부자가 될 수 있다.

    인터넷을 이용하면 혼자서도 회사 하나를 차릴 수 있다. 많은 직원을 가진 공룡 같은 기업보다는 혼자서 일하고 손님을 상대하는 작은 회사가 많아질 것이다.

    직장에 다니지 않고도 집에서든 어디서든 일할 수 있는 사회가 올 것이다. 지금처럼 회사에 목매달고 살 필요는 없다. 그보다는 자기 스스로의 가치를 키워야 한다. 지식과 정보를 잘 알아야만 한다. 자기만의 아이디어를 만들어야 한다.

    또 미래에는 돈이 달라질 것이다. 돈은 가지고 다니는 종이 쪽지에서 전자 화폐로, 그리고 신용으로 바뀔 것이다. 돈을 훔쳐서 마구 뿌리고 다니기 힘들어질 것이다. 신용이 있는 사람만이 어디서든 환영받는 사회가 된다.

    돈은 물려받을 수 있지만, 지식과 정보와 신용은 물려받을 수 없다. 그러니 앞으로는 자기 스스로의 힘으로만 부자가 될 수 있다.